KB096843

음이 시대

學의 시대가 가고 習의 시대가 온다

# 습의 시대

● 이현준 · 황태섭 지음 ●

트러스트북스

어릴 때 누구나 한번쯤은 이런 상상을 해봤을 것이다. '우주의 끝은 무엇일까? 그리고 우주의 끝이 있다면 그 끝 너머는 무엇일까?' 어린 시절이었지만 그 끝을 상상하다가 아득함에 빠져 머리를 쥐어 뜯어본 적이 있을 것이다. 이와 비슷한 상상으로 내 아버지의 아버지, 그 아버지의 아버지, 그 아버지의 아버지…… 이렇게 분명히 아버지의 아버지가 있었을 텐데 계속 아버지의 아버지를 거슬러 올라가면 과연 어떻게 될까? 갑자기 어느 순간 아무것도 없는 무(無)에서 '뿅' 하고 생겨났을까?

기독교의 창조론은 이런 물음에 대한 매우 간단한 답이었다. 신(神)이 6일 동안 이 세상 만물을 창조하였고 흙으로 자신의 형상을 따라 인류 최초의 인간인 아담을 만들고 그 갈비뼈 하나를 빼서 여자인 하와를 만들었다는 것이 성경 '창세기'의 설명이다. 그래서 아담과 하와는 그 모습 그대로 신의 형상을 따라 창조된 존귀

한 존재이며 모든 인류의 조상이었고 절대불변의 진리였다.

　필자들은 모두 어릴 때부터 같은 교회를 다녔던 죽마고우이다. 죽이 잘 맞아 둘도 없는 단짝으로 지냈는데 나중에 보니 생일까지 같았다. 그래서 서로 영혼의 쌍둥이라고 생각하며 오늘까지 우정을 이어오고 있다. 한 명은 어릴 때부터 사업가가 되는 것이 꿈이었고 한 명은 훌륭한 엔지니어가 꿈이었다. 같은 날 태어난 우리는 죽이 잘 맞았지만 기질이나 성격은 완전 달랐고 좋아하는 과목이나 취미도 달랐다. 한 명은 경영학을 전공한 후 자신의 꿈대로 사업가가 되었고 한 명은 공대를 졸업한 후, 삼성SDI와 애플 본사를 거쳐 현재 미국 구글 본사에서 엔지니어로 근무하고 있다. 이렇게 우리 둘은 각자의 꿈을 위해 열심히 살았고 또 서로의 꿈을 응원하고 격려하며 둘도 없는 친구로 지내고 있다.

　그런 우리 둘이 그 동안 각자 자신의 일을 하면서 나누었던 고민과 토론, 공부와 경험을 이번 기회에 책으로 내보자고 의기투합했다. 그동안 공부하고 조사한 내용을 서로 주고 받으며 꾸준히 원고를 써나갔다. 그중 흥미로운 내용을 하나 소개하면 '유발 하라리' 교수의 유튜브 특강과 EBS의 다큐멘터리 '사라진 인류'의 이야기다. 인간은 태초에 신의 형상을 따라 처음부터 오늘날의 온전한 모습으로 창조되었다는 기독교의 설명에 찬물을 끼얹는 내용이다. 인류는 적어도 우리 말고도 28종 이상의 다양한 인종이 치열하게 살아왔다고 한다. 몸집이 큰 종도 있고 작은 종도 있었다. 육식만 하는 종도 있었고 채식만 하는 종도 있었다. 그렇게 서로 '형상'도 다르고 특징도 다른 인류는 각 시대마다 번성과 멸종을 반복하며 지속되어 왔다. 마지막까지 최종적으로 생존 경쟁을 한 인종은 네안데르탈인과 우리 호모사피엔스였다. 그리고 호모사피엔스가 인류의 최종 승자로 살아남았고 다른 인류였던 네안데르탈인은 멸종했다.

그렇게 우리 인류는 사실 처음부터 완전체 인간으로 탄생한 것이 아니라 진화에 진화를 거듭하여 오늘날의 호모사피엔스에 이르게 되었다는 것이다. 그토록 믿기 힘든 사실을, 아니 믿고 싶지 않았던 사실을 받아들이자 눈이 번쩍 뜨이는 듯했다. 인간은 뇌가 진화하며 생각을 도구로 살아가도록 진화했다는 것, 그리고 생각이 언어를 만들고 언어가 정신을 만들었다는 것이다. 우리의 정신 역시 갑자기 하늘에서 뚝 떨어진 것이 아니라 끊임없는 진화를 통한 언어의 산물이다. 그 진화는 수만 년 전에 멈춘 것이 아니라 지금 이 순간에도 계속 진행 중이다. 생각을 도구로 살아온 우리 인류는 신용이라는 독특한 개념을 도구로 살아가고, 이제는 그 지능마저 인공적으로 만들어 도구로 삼고 있다.

호모사피엔스로 시작한 우리 인류는 '호모 크레디시스'(신용을 도구로 살아가는 인간을 뜻하며 필자들이 만든 신조어)로, 그리고 다시 '호모 에이아이시스'(인공지능을 도구로 살아가는 인간을 뜻하며 필자들이 만든 신조어)로 계속 진화해 나가고 있다는 것이 우리가 하려는 이야기의 줄거리다.

지구가 태양의 주위를 공전하고 있다는 것을 지구 위에 살고 있는 인류가 알게 되기까지는 오랜 세월이 걸렸고 참으로 많은 일들이 있었다. 지구 밖 멀리서 봐야 알 수 있는 것을 어떻게 우리는 이 안에서 알게 되었을까? 마찬가지로 우리가 지금도 진화 중이라는 사실의 발견은 마치 먼 미래의 후손들이 고고학적 발견으로나 알 수 있는 내용을 지금 우리 스스로 알게 된 것과 같다.

그만큼 생각을 도구로 살아온 호모사피엔스는 현명하고 지혜로운 인종이다. 아이작 뉴턴은 자신이 남들보다 조금 더 멀리 보고 있다면 그것은 거인의 어깨 위에 올라서서 봤기 때문이라고 말했다. 수많은 선각자들의 노력이 있었기에 자신의 발견이 있을 수 있었다는 뜻이다. 우리의 이야기도 사실은 수많은 거인들의 어깨에 올라타 신기함과 감탄을 금치 못하고 밤새 수다를 떠는 어느 두 친구의 이야기다. 우리가 올라타서 신기하게 구경한 거인들의 어깨에 당신을 초대한다.

이현준 · 황태섭

## 책 읽기 전 독자들에게 당부하고 싶은 글

'습의 시대'라는 제목을 보고 이 책을 읽다 보면 어느 순간 '도대체 왜 이 책의 제목이 〈습의 시대〉이지?'라는 의구심이 밀려올지도 모른다. "학(學)의 시대가 가고 습(習)의 시대가 온다"고 했으면서 혈액형이나 진화론 얘기부터 시작해 자본주의의 역사에 이르기까지 도무지 습에 대한 이야기는 나오지 않는 것 같기 때문이다.

그러나 이 책을 끝까지 다 읽고 난 다음에는 왜 이 책의 제목이 '습의 시대'인지 고개를 끄덕이게 될 것이라고 생각한다. 어떤 운동이든 그 운동을 배울 때 우리는 그 운동을 배우기 위한 기본 동작을 지루하다 싶을 만큼 연습하게 된다. 그러다 보면 '도대체 왜 이 쓸데없는 동작을 계속 연습해야 하지?' 하는 의구심이 들 때가 온다. 도무지 지금 배우는 이 동작하고 실제 그 운동하고는 큰 상관이 없어 보이는데 말이다. 그러나 나중에 가서야 그런 기본 동작이 탄탄히 쌓여야만 비로소 그 운동을 배울 수 있었음을 깨닫는 경우를 종종 볼 수 있다.

"학의 시대가 가고 습의 시대가 온다" 는 말에는 여러 의미가 내포되어 있다. 첫째는 어느 한 시대가 간다는 것과 또 다른 시대가 온다는 뜻이고, 둘째는 학과 습은 우리가 많이 쓰는 '학습' 이라는 단어에서 나온 말이라는 것이다. 어느 시대가 가고 다른 시대가 온다는 말에서 우리는 자연스럽게 변화라는 단어를 떠올릴 수 있다. 세월이 흐르면서 끊임없이 무엇인가가 변화했다는 것 그리고 그 변화 속에서도 우리는 끊임없이 무언가를 학습해 왔다는 것에서 우리의 이야기는 시작한다. 이 이야기를 하다 보니 우리 인간이라는 존재는 어디에서 시작했고 어디에서 왔으며 어떠한 변화를 겪으면서 여기까지 왔으며 앞으로 또 어떤 변화를 맞이할 것인가를 이야기해야 했다. 그러다 보니 저 멀리 원시인간에 대한 얘기부터 아니 그보다 먼저인 우주의 이야기부터 하게 되었고 거기에서 혈액형 이야기며 별자리 이야기가 나오게 되었다. 처음에 읽어 내려가야 하는 이야기는 어쩌면 운동의 기본 동작과 같은 것이다. 전혀 상관없어 보이는 이야기가 결국은 씨줄과 날줄처럼 서로 꿰이듯이 엮여져 있음을 알게 될 것이다.

그러니 이제 책을 읽기로 했다면 '습의 시대' 라는 제목은 잠시 잊고 우리가 짜놓은 씨줄과 날줄을 따라 읽어보시길 바란다. 그러다 보면 어느새 그 씨줄과 날줄이 미래를 향한 깃발로 변해 있음을 느낄 수 있을 것이다.

프롤로그 004

## 1. 호모 사피엔스

혈액형이요? 맞춰보세요 015
정신차려 이 친구야 021
사주팔자와 별자리 026
우리의 근원, 우주 032
인류의 기원 037
세 가지 혁명 041
강한 것이 살아남는 게 아니다 045
혁명의 시작에는 여자가 있었다 051
최종 승자의 비밀, 10살에 나는 어금니 055
신이 준 선물 콤플렉스 064
너의 콤플렉스를 알라 071

## 2. 호모 크레디시스

인류 최대의 발명, 돈 077
신용의 마법 081
15원짜리 짜장면 088
자본주의는 진화 중 092

태양의 아들 097

자본주의 국교 101

현대판 노예 106

## 3. 호모 에이아이시스

알파고 효과 113

특이점(Singularity)이 온다 121

인공지능 혁명 125

예언가 인공지능 130

호모 에이아이시스 134

인공지능의 학습 방법 140

인공지능의 대세, 딥 러닝 143

진짜 주인공 152

국민의 종말, 기업민의 시대 160

21세기 불로초 166

호모 에이아이시스의 진화 174

생각을 잃어버린 '생각하는' 인간? 179

궁극의 공부법 187

끊임없이 변화하는 뇌의 비밀 194

또 다른 진화를 꿈꾸며 200

학(學)의 종말, 습(習)의 시대 206

습(習)의 시대를 준비하는 7가지 조언 217

CEO 부군신위 233

에필로그 238

참고 문헌 및 인용 250

# 호모 사피엔스

---

## 1

'호모 사피엔스(Homo Sapiens)의 사피엔스(Sapiens)는
라틴어로 지혜를 뜻한다. 직역하면 '지혜의 인간' 이다.'

너 자신을 알라

소크라테스

## 제 혈액형이요?
## 맞춰보세요!

2006년 개봉한 한국 영화 '달콤, 살벌한 연인'에서는 매사에 혈액형으로 상대방의 성격을 단정짓는 여자에게 화가 폭발한 남자가 이렇게 얘기하는 장면이 나온다.

— "(혈액형이) 그게 뭐가 과학적이에요? 죄다 헛소리지! 백인들이 다른 인종들보다 우수하다는 우생학에서 처음 출발한 게 바로 혈액형 이론입니다. 독일에 유학 간 일본 사람 하나가 그걸 처음 들여왔고 정작 독일 사람들은 폐기했는데 나중에 일본 작가 하나가 지 주위 사람들, 이삼백 명 대상으로 조사해서 책 하나 냈는데 그걸 계속 우려먹고 있는 거라구요. 전세계적으로 그거 믿

는 나라가 일본하고 한국밖에 없단 말입니다!"

영화에서도 이렇게 노골적으로 비판했는데도 여전히 우리나라 사
람들은 혈액형 이론을 맹신하는 분위기다. 처음 사람을 만났을 때
종종 혈액형을 묻는데 그 사람의 성격을 미루어 짐작하고자 하는
속내가 깔려 있다. 단체 미팅 같은 자리에서 어색한 분위기를 깨
기 위한 소위 '아이스 브레이킹(ice breaking)' 소재로도 혈액형 만한
주제가 없다. 대개 이런 경우 혈액형 맞추기 게임을 하기도 한다.
혈액형을 물으면 십중팔구는 "제 혈액형이요? 알아맞혀 보세요"
로 대답하는 경우가 많다.

　조용하고 말이 없어 보이면 A형, 수다스럽고 말이 많으면 O형
으로 보기 십상이다. 까칠하고 차갑게 보이면 B형으로 짐작하고,
이것도 저것도 아니고 도저히 감이 안 잡힌다 싶으면 AB형으로
추측하는 식이다. 혈액형에 대한 우스갯소리로 A형은 '소세지'
(소심하고 세심하고 지랄맞다), B형은 '오이지'(오만하고 이기적이고 지랄맞
다), O형은 '단무지'(단순하고 무식하고 지랄맞다)', AB형은 '지지지'
(지랄맞고 지랄맞고 지랄맞다)' 라고 한다는 말을 들어본 적이 있을 것
이다. 혈액형으로 상대방의 성격을 대충 미루어 짐작하는 것이
영화 속 대사처럼 '한심하고 미개하게' 보일 수 있다지만, 적어
도 우리는 대부분 경험적으로 혈액형의 특성이 어느 정도 들어맞

는다고 생각한다. 한때 인터넷에 연재되어 천만 명 넘는 독자들에게 폭발적인 인기를 끌고 책으로까지 출간된 만화 〈혈액형에 관한 간단한 고찰〉이 중국, 대만, 태국에도 진출한 것을 보면 적어도 우리나라뿐 아니라 아시아인들에게도 재미있고 공감되는 내용임을 보여준다.

혈액형 이론을 믿는 사람들이 일본하고 우리나라밖에 없다며 폄하하는 말 속에는 사실 서구 사대주의가 녹아 있다. '합리적이고 선진국인' 서양사람들이 다 폐기한 걸 우리나라와 일본만 추종하는 것은 상대적으로 우리가 비합리적이고 미개하다며 스스로 비하하는 뉘앙스가 있기 때문이다. 그렇다면 왜 우리나라와 일본 사람들만 혈액형 이론을 믿고 있는지 심각하게 생각해본 적 있는가? 또 왜 서양사람들을 비롯해 다른 나라 사람들은 혈액형 이론을 일찌감치 폐기하거나 거들떠 보지 않는지 생각해본 적 있는가? 단지 서양인들은 합리적이고 이성적이며 우리는 비합리적이고 비이성적이어서 그렇다는 말인가?

그것은 바로 다민족 사회와 단일민족 사회의 특성에서 기인한다는 것이 필자들의 생각이다. 전세계적으로 많은 나라들은 수많은 인종들이 뒤섞여 있다. 미국이나 호주 같은 이미 멜팅팟(Melting Pot: 인종의 용광로)으로 불리는 나라들만의 이야기가 아니다. 유럽의 대다수 나라들은 물론 중국, 인도, 말레이시아, 인도네시아 등 아시아의 대부분 나라들도 많게는 수십 종에서 적어도 여러 인종들이 뒤섞여 국가를 이루고 있다. 단일 민족으로 한 언어와 한 민족으로 국가를 구성하고 있는 나라는 우리나라와 일본 정도밖에 없다. 인구가 약 75만 명에 지나지 않는 작은 나라인 부탄도 인구의 50%는 보테(Bhote)족이며 네팔인이 35%, 기타 소수민족이 15%를 차지할 정도이고 종카어(Dzongkha)를 공용어로 네팔어와 영어를 섞어 쓴다. 따라서 이런 나라에서 살아가는 사람들은 다른 사람의 특징을 살펴볼 때 피부색과 언어, 생활습관이 서로 다른 인종별로 특징을 구별하는 데 익숙하다. 따라서 자신과 다른 사람을 볼 때 '아, 저 사람은 ××족이라서 저렇게 행동하는구나', ' 저 사람은 ○○족이라 저렇게 말하는구나' 라고 구별 짓는 데 익숙하다. 다시 말해서 피부색이나 언어, 옷차림 등 확연히 다른 차이를 눈으로 확인할 수 있고 명확히 구분할 수 있는데 굳이 혈액형까지 따질 이유도, 필요도 없다.

그런데 우리나라는 5천년 동안 단일민족, 단일언어로 이루어진 사회다. 나와 이웃이 같은 옷에 같은 음식에 같은 문화를 향유하고 살아왔다. 특징이 있다면 다른 지역의 사투리 정도일까. 그래서 우리는 다른 나라 사람들보다 혈액형이 지닌 성격적 특성에 민감한 데이터를 수집하고 범주화할 수 있는 것이다. 이는 일본도 마찬가지다. 아주 딱 들어맞지는 않지만, 혈액형별 성격 특징에 공감하고 동의하는 것은 그처럼 통계학적으로 어느 정도 표준편차를 이루고 있는 각자의 경험치에 대한 산물이기도 하다.

따라서 최초에 이론을 정립했던 독일 사람들도 폐기하고 전세계에서 다 무시하고 있지만 오히려 한국과 일본이라는 소수의 단일민족 국가에서 혈액형 이론을 유의미한 통계학적 분석을 통해 발전시켰다고 볼 수 있다. 서양인들은 그 이론을 폐기했다기보다는 우리보다 관심이 덜한 것일 수도 있다. 이건 합리성과 비합리성의 문제가 아니라 관심의 문제이다. 처음 만난 자리에서 재미삼아 혈액형을 묻는 우리나라 사람들의 습관은 당분간 계속되지 않을까. 그 사람에 대한 '관심'이 있는 한 말이다.

유럽인들은 대부분 백색인종이지만 황색인종 · 흑색인종을 비롯한 혼혈도 많다. 유럽의 백색인종은 북방형 인종(Nordic), 알프스형 인종(Alpine), 지중해형 인종(Mediterranean), 디나르형 인종(Dinarics), 동유럽형 인종 등 크게 다섯 종으로 구분된다.

북방형 인종은 주로 북부 유럽에 거주하며, 스칸디나비아 반도의 중부와 남부 및 영국 · 아이슬란드에 많다. 피부색이 희고 키가 크며(173cm 이상), 머리는 장두형(머리지수 79 이하)이 많다. 코 지수는 65 이하로 좁고 높은 편이며, 무엇보다도 남부 지역의 인종보다 신체적으로 큰 것이 두드러진 특징이다.

알프스형 인종은 피부색이 대체로 희지만 북방형 인종에 비해 색소가 증가하는 경향이 있고, 모발은 갈색 또는 밤색이다. 키는 대체로 작고(163~164cm) 몸에 비해 팔다리가 짧은 것이 특색으로 땅딸막한 인상을 준다. 프랑스 중부지방, 이탈리아 북부지방, 독일 남부지방, 헝가리 등지에 주로 거주한다.

지중해형 인종은 키가 작고(163~164cm) 머리는 장두형이며, 달걀형의 긴 얼굴이다. 머리카락은 파상형이 많고 얼굴 전체의 길이에 비해 윗부분이 긴 편이다. 이탈리아 남부, 지중해의 도서지방, 발칸 반도의 남동부에 주로 거주한다.

디나르형 인종은 키가 크고(168~172cm) 마른 편으로 단두형(短頭型)이 많고, 특히 뒷머리가 편평한 것이 특색이다. 유고슬라비아와 알바니아의 디나릭알프스산지가 주요 거주 지역이다.

동유럽형 인종(동발트해 인종이라고도 한다)은 북방형 인종보다 피부색이 희고, 키는 작으며(156~169cm) 머리는 단두형이 많다. 얼굴은 넓고 광대뼈가 나왔으며 코는 짧고 요곡선형(凹曲線型)이다. 이들 인종은 동부 유럽에 산재하며, 시베리아 지방에도 살고 있다. 이들 5대 인종 외에도 아시아 인종 계통의 마자르인(헝가리), 핀족(핀란드) 등이 있다.

(출처 : 네이버 지식백과_유럽의 인종[두산백과])

# "정신차려,
이 친구야!"

우리나라 사람들은 왜 혈액형을 물을까? 우리가 무심코 상대방의 혈액형을 묻는 속내에는 자신도 모르게 범주화(categorization)하는 습성이 자리하고 있다. 범주화란 사물을 구분 짓는 것이다. 종종 우리는 농담 삼아 이렇게 말한다.

"세상에는 두 종류의 사람이 있다. ○○을 해본 사람과 안 해본 사람."

이런 말은 세상에는 그것을 경험해본 사람과 그렇지 않은 사람으로 구분할 수 있을 정도로 그 경험이나 '그것'이 매우 강력하다는 것을 강조할 경우에 사용한다. 가령 "세상에는 이 집 냉면 맛을 본 사람과 못 본 사람으로 구별된다"는 식이다.

이처럼 사람들은 세상을 구분 짓기 좋아한다. 왜 그럴까? 일종의 생존본능에서 기인한다고 할 수 있다. 사실 생명이 있는 모든 생물은 범주화에 익숙해 있다. 〈몸의 철학〉의 저자인 캘리포니아 대학교의 인지언어학 교수 조지 레이코프(G. Lakoff)와 오리건대학교 철학교수 마크 존슨(M. Johnson)은 이렇게 설명했다.

— "모든 생물은 범주화해야 한다. 심지어 아메바도 자기와 마주치는 것들을 '먹을 수 있는 것'과 '먹을 수 없는 것'으로, 또는 '다가가야 할 대상'과 '멀리 떨어져야 할 대상'으로 범주화한다…. 동물들은 음식, 약탈자, 가능한 짝, 자신들에 소속된 동물 등을 범주화한다…. 우리는 범주화하도록 진화되어 왔다. 만약 그렇지 않았다면 우리는 생존할 수 없었을 것이다."

〈생각의 시대(김용규 지음)〉에서

갓 태어난 인간은 엄마의 젖꼭지와 아닌 것을 구분하면서 범주화를 익혀나간다. 그러면서 점차 시각, 후각, 청각 등을 통해 점점 더 다양하고 복잡하게 구분하면서 자란다. 먹을 수 있는 것과 먹을 수 없는 것에서 시작해서 아빠와 엄마, 가족과 친족을 남과 구분한다. 그렇게 우리는 구분 짓는 것으로 세상을 배워나간다. 우리가 무심코 재미 삼아 물어보는 상대방의 혈액형도 알고 보면 이렇게 나와 남을 구분 짓고 범주화하는 행동에 다름 아니다. 이런 구분 짓기와 범주화를 통해서 우리는 세상을 배워나간다.

먹을거리를 구분 짓고(내가 좋아하는 것과 싫어하는 것부터 시작해서), 사람을 구분 짓고(가족과 남, 나와 친한 사람과 그렇지 않은 사람) 나아가 꽃과 나무, 동물과 사물에 이르기까지 구분 지으면서 세상을 알아나간다. 이러한 범주화는 인간뿐 아니라 아메바 같은 하등 동물에서부터 모든 생명이 있는 유기체의 특성이며 곧 진화의 원리이기도 하다.

범주화에서 이름(단어)이 나오고 그 이름(단어)을 익히는 것이 학습의 시작이다. 어쩌면 법률이든, 의학이든, 공학이든, 예술이든, 종교든 우리가 평생을 거쳐 공부하는 모든 학문도 사실 각종 '범주화' 된 내용을 학습하는 것에 지나지 않는다.

사물을 구분 짓는 것에서 언어가 나왔고 그 언어가 정신을 만든다. 이처럼 정신의 원류를 거슬러 올라가보면 '범주화'가 자리 잡고 있다. 우리의 '정신'은 구분 짓는 것의 산물이다. 우리가 흔히 "정신 차려, 이 친구야!" 하며 조언하거나 (또는 그런 조언을 들을 경우) 그 말은 이렇게 바꿀 수 있다.

"제대로 구분 좀 해! 이 친구야."

구분 짓는 것은 생명이 존재하는 방식 그 자체이다. 하등동물의 범주화는 매우 단순하다. 먹을 수 있는 것과 먹을 수 없는 것, 다가가야 할 것과 멀리 떨어져야 할 것 등에서 시작한다. 그러면서 점차 고등동물로 올라갈수록 범위도 고도화된다. 가령 파리는 벽과 문을 구분하지 못한다. 그저 둘 다 '막혀 있는 것'이다. 하지만 개나 고양이는 벽과 문을 구분한다. 인간은 벽 하나만 가지고도 무슨 종류의 벽인지, 무엇으로 만들었는지, 무슨 색깔인지, 무슨 디자인인지 등 끊임없이 범주화해 나간다. 범주화의 고도화인 것이다.

아이들은 태어나서 일 년만 지나면 본능적으로 범주화할 줄 안다. 가령 아이들은 고양이를 몇 마리만 봐도 금세 다른 고양이들도 '고양이'라는 부류로 범주화할 줄 안다. 몇 가지 꽃만 봐도 다른 꽃들을 보고 금세 꽃이라는 범주화를 할 수 있다. 우리가 너무나 당연하게 할 줄 아는 이런 범주화 능력은 사실 슈퍼컴퓨터도 하기 힘든 능력이다. 컴퓨터가 고양이를 인식해서 범주화하려면 엄청나게 많은 양의 고양이 사진이 입력되어야 한다. 그러나 인간은 직관적으로 범주화를 할 줄 안다. 이렇게 인간은 고도의 범주화 능력을 가지고 있다. 1세 정도의 어린이도 할 줄 아는 뇌의 이런 범주화 능력은 슈퍼컴퓨터도 따라 하기 힘들 만큼 매우 고도화되어 우리 뇌의 신비를 느낄 수 있다.

그렇다면 생명체는 왜 범주화를 할까? 삶이 곧 경쟁이기 때문이다. 생명이란 생존 그 자체로 자원을 놓고 벌이는 경쟁이다. 우리는 수십억 마리의 정자들이 하나의 난자를 차지하여 살아남기 위해 그야말로 목숨을 건⑦ 치열한 경쟁을 통해 승리한 존재들이다. 이미 수십억 대 1의 경쟁을 통해 살아남은 존재들이다. 그 경쟁에서 모두 성공하여 모두 살아남을 수는 없다. 생명이란 이토록 죽는 순간까지 목숨을 걸고 치열하게 경쟁한다. 거기서 이겨내어 살아남기 위해 몸부림치는 생명 존재의 현상, 그것이 바로 '구분짓기'인 것이다. 잘 구분하지 않으면, 즉 정신을 차리지 않으면 목숨마저 잃을 수 있는 것이 바로 우리의 삶이다.

# 사주팔자와
# 별자리

사람을 기본적으로 혈액형에 따라 4종류로 범주화할 수 있다면, 우리나라에서 더 세심하게 나누는 범주화가 있는데 바로 출생에 따른 '띠'다. 출생에 따라 12개로 이루어진 띠의 원류는 우리가 잘 아는 사주팔자(四柱八字)다. 사주팔자는 사람이 태어난 생년월일시를 네 개의 기둥(四柱)으로 보고 각 기둥마다 2개의 글자로 이루어진 간지로 표현하여 8개의 글자로 이루어진 것이다. 이 학문이 역학(易學)의 한 분야인 사주학이다. "모든 것이 바뀐다"는 사상을 바탕으로 우주만물의 변화의 이치를 연구하는 학문인 역학은 동양 최고의 경전이라 일컫는 〈주역(周易)〉을 기본으로 한다. 사주학은 사람의 출생 연월일시를 기초로 체계적이고 종합적인 이론을 발전시켜 온 것으로 '명리학(命理學)' 이라고도 한다.

명리학 또는 '자평학(子平學)' 이라고도 불리는 사주학은 사람의 한평생에 따른 변화의 이치를 탐구하는 학문이다. '명리학' 은 하늘이 자신에게 명(命)한 이치와 사명을 잘 깨달아 나간다는 뜻이며, '자평학' 이라는 말 역시 우주를 이루는 중요 물질 중 하나인 물(水)이 늘 수평을 이루는 것처럼 변화가 많은 인생에서 물처럼 수평(水平)을 이루라는 뜻이다. 두 이름 모두 스스로 자신의 앞날을 잘 다스려 나간다는 뜻을 담았다. 이처럼 '사주학' 이란 점(占)을 보는 미신이 아니라 일종의 '수신학(修身學)' 이자 인문학이다.

"사주팔자를 본다"고 하면 무조건 '무당' 이나 '점쟁이' 를 떠올리며 미신처럼 생각하거나 터부시하는 경향이 강하다. 개화기를 겪으며 우리의 오래된 유교 문화와 전통을 낡은 것, 오래된 것, 미신적인 것으로 치부해 온 데다가 특히 이 무렵 기독교가 들어와서 크게 성장하면서 대다수 기독교인들을 중심으로 '사주팔자' 를 본다는 것은 기독교 신앙에 거역하는 큰 죄악으로 여겨왔다. 그러다 보니 수신학이자 인문학의 일종인 '명리학' 이 학문 그 자체로 대접받지 못하게 되었다.

사주학은 사람의 일생을 통해 하늘의 이치에 따라 스스로 살피며 살아가는 수신학이자 우주학(宇宙學)이다. 사주팔자란 결국 인간이 이 세상에 태어난 시점을 의미한다. 왜 태어난 시점이 중요

할까? 인간도 결국 지구라는 행성에 태어나 지구와 함께 평생을 태양 주위를 맴돌다 사라지는 소행성이라고 보는 것이다. 인간도 이 우주 만물의 하나라는 개념으로 출발하여 천문학, 우주학을 기반으로 만들어진 학문이다. 따라서 어느 해, 어느 달, 어느 날, 어느 시에 태어났는지가 태양 둘레를 도는 지구라는 행성과의 관계에서 중요한 의미가 있다고 본다. 사주학은 지구가 태양과의 어느 시점에 왔을 때 소행성으로서 태어난 인간이 우주적으로 어떠한 기질을 가지고 있는지에 대해 통계학적인 분석을 체계적으로 발전시킨 학문이다.

그렇다면 사주가 똑같은 사람들은 운명도 동일할까? 그렇지 않다. 개개인의 출생으로 사주를 판단하지만 개개인의 삶은 각각 다르게 전개되기 때문이다. 역학의 '역(易)'은 '바꿀 역'이다. 우주의 모든 만물이 끊임없이 바뀌는 것을, 어쩌면 우주의 절대적인 진리를 탐구하는 학문이다. 따라서 우리 인생 역시 같은 사주를 갖고 태어났어도 가정 환경이나 교육, 경험 등에 따라 일생을 통해 끊임없이 바뀐다는 통찰을 지녀야 한다.

참고로 사주는 과연 몇 개가 나올 수 있을까? 사주학에서는 연월일시(年月日時)마다 각각 나오는 숫자를 곱하면 되는데, 연(年)은 60갑자로 치고, 월은 12달이므로 12, 일은 30일을 기준으로 하고, 시는 12시를 기본으로 한 후 남녀를 각각 다르게 구분한다. 그러면 $60 \times 12 \times 30 \times 12 \times 2 = 518,400$개가 나온다. 즉 사주학에서는 인간을 518,400개로 구분 지어 설명한다(《새롭게 풀어 쓴 우리 사주학》 참조).

인간의 성격을 단순히 4개 유형으로 분류하는 혈액형과는 비교도 할 수 없을 만큼 많은 수이다. 거기서 최소 단위로 단순화한 것이 12개의 띠다. 그래서 흔히 돼지띠와 토끼띠는 궁합도 안 봐도 될 만큼 좋다는 식으로 보통 4년 또는 8년 차이의 띠를 최상의 조합으로 본다든지, 말띠 여성이 팔자가 세다느니 하는 속설 등이 나온다.

동양에 우주학을 기반으로 한 사주학이 있다면 서양에는 점성술이 있다. 이 역시 천문학과 우주학을 기반으로 한 학문으로 황도 12별자리가 기준이다. 황도 12별자리는 태양이 지나가는 길목에 있는 별자리들의 생김새를 따서 이름 붙여진 것으로 1년 동안 태양이 각 개월마다 위치하는 곳의 별자리다.

- 궁수자리 (11월 23일~12월 24일)
- 염소자리 (12월 25일~1월 19일)
- 물병자리 (1월 20일~2월 18일)
- 물고기자리 (2월 19일~3월 20일)
- 양자리 (3월 21일~4월 19일)

- 황소자리 (4월 20일~5월 20일)

- 쌍둥이자리 (5월 21일~6월 21일)

- 게자리 (6월22~7월22일)

- 사자자리 (7월23일~8월22일)

- 처녀자리 (8월23일~9월 23일)

- 천칭자리 (9월24일~10월22일)

- 전갈자리 (10월23일~11월22일)

사주팔자의 기본이 되는 명리학이 우주학이듯, 서양의 별자리 역시 천문학, 우주학에서 비롯되었다. 인간이 우주의 한 부분이자 태양계의 일원으로서 모두 태양과의 움직임을 통해 사람의 기질을 분석하는 학문에서 나온 것이다. 동양의 사주팔자나 서양의 별자리나 모두 결국은 인간을 소행성으로 본 천문학에서 비롯된 것이다. 참으로 놀랍지 않은가? 동서양을 막론하고 결국 같은 개념, 같은 철학에서 나왔다는 사실은 결코 우연으로 볼 수 없는 심오한 진리가 숨어 있다. 인간도 '우주의 소행성'이라는 인식이다. 우리의 생명은 결국 '우주'에서 왔고 지구라는 행성과 함께 평생을 이 우주 공간에서 태양 주위를 돌다가 다시 우주의 한 부분으로 사라진다는 철학에서 비롯된 것이다.

  그렇다면 우리는 왜 사주팔자를 보고 별자리 운세를 볼까? 아메바가 살아남기 위해 '먹을 수 있는 것'과 '먹을 수 없는 것'을 구분하고 '가까이 가야 할 것'과 '멀리 떨어져야 할 것'을 구분하듯이, 치열한 삶의 경쟁에서 더 잘 살아남기 위해, 더 우위를 점하기 위해서다. 내게 무엇이 좋은 것이며 무엇이 나쁜 것인지, 무엇을 가까이 해야 하고 무엇을 멀리 해야 하는지, 어떤 사람이 나한테 도움이 되며 어떤 사람이 해가 될 것인지를 범주화하기 위해 배우는 학문인 셈이다.

무심코 상대방의 혈액형을 물어봤는가? 그저 재미 삼아 사주팔자 운세나 별자리 점을 봤는가? 그것은 우리가 지금 이 순간 살아 있으며 오늘도 치열하게 살아남기 위한 경쟁을 하고 있음을 보여주는 행동들이다.

# 우리의 근원,
우주

'수상한 흥신소 2'라는 연극을 보면 여자 주인공의 태명(胎名)이 '우근'이라고 나온다. 여자아이의 태명을 왜 남자 이름같이 우근이라고 지었을까 궁금해할 때쯤, 주인공이 "우주의 근원!"이라고 외친다. 한 여자아이의 태명을 우주의 근원이라고 거창하게 붙인 것에 관객들은 폭소한다. 그 크기와 규모를 인간의 상상으로는 가늠조차 할 수 없을 정도로 거대하고 광활한 우주, 아니 '광활하다'는 표현으로도 담을 수 없는 그 우주는 도대체 어떻게 시작되었을까?

우주가 약 138억년 전 엄청난 폭발로 시작하여 계속 팽창하고 있다는 것이 빅뱅(Bigbang) 이론이다. 우주는 알 수 없는 원인 때문에 거대한 폭발로 시작되었고 이로 인해 우주를 구성하는 다양한 원자들이 생겨났다. 약 45억 년 전에 비로소 태양계와 지구가 구성되었고 38억 년 전 지구 상에 최초 원시 생명체가 등장했다. 우리는 모두 별에서 왔다는 이야기는 나름 과학적인 근거를 가지고 있는 셈이다. 별자리 운세를 보고, 서로의 띠를 물어보면서 궁합을 보는 행위는 어쩌면 우리 스스로 우주의 별에서 비롯되었음을 끊임없이 확인하는 것이기도 하다.

사실 지구 상에 생명체가 등장한 것은 기적에 가까운 일이었다. 핵융합 과정을 통해 태양으로부터 전달되는 에너지가 없다면 지구의 생명체도 존재할 수 없었을 것이다. 하지만 태양도 약 50억 년 이후에는 적색 거성으로 부풀어 올라 지구를 삼키게 되며 결국 폭발할 것이다. 수많은 별들이 탄생과 성장 그리고 죽음을 맞이하는 것처럼 태양도 이러한 과정을 따라 사라질 것이다. 빅 프리즈 (Big freeze) 이론에 따르면 우주는 계속 팽창하기 때문에 모든 별도 하나 둘씩 사라지고 결국 차가운 암흑만 존재하게 된다고 한다. 아무것도 없는 절대 무의 상태로 다시 돌아가는 것이다.

인류가 우주를 올바르게 이해하게 된 것은 우주 망원경 덕분이다. 1609년 갈릴레이 갈릴레오는 최초로 천체망원경을 만들어 우주를 관측했고 이후 렌즈가 커지면서 천문학은 급속도로 발달했다. 1946년 라이먼 스피처는 "망원경을 우주로 보내면 더 선명하게, 더 멀리 볼 수 있다"고 주장했다. 우주에서 오는 빛이 지구 대기를 통과하면서 흔들리거나 왜곡되기 때문이다. 44년이 흐른 1990년 4월 24일 미국 항공우주국(NASA)은 우주왕복선 디스커버리호에 허블 망원경을 실어 우주로 보냈다. 하지만 허블 망원경이 처음 찍어 보낸 사진은 초점이 맞지 않는 기대 이하의 것들이었다. 허블 망원경 수석 엔지니어였던 진 올리버(Jean Oliver)는 허블 발사 25주년 기념 대담에서 "발사 후 1개월은 정말 악몽 같았다"고 회고했다. 3년 여의 준비 끝에 NASA는 1990년 12월 무중력상태인 우주에서 망원경을 처음 수리했고 네 번의 추가적인 수리를 통해 허블 망원경의 수명을 연장했다.

2013년 개봉한 영화 '그래비티(Gravity)'는 이 허블 망원경을 수리하는 과정을 소재로 제작되었다. 버스 크기인 허블 망원경은 지금까지 150만장이 넘는 사진을 지구로 보내왔는데 스피처의 예측은 정확했다. 렌즈 직경 2.4m인 허블 망원경은 지상의 직경 10m 렌즈 망원경보다도 선명했고, 멀리 내다볼 수 있었다. 외계 은하, 블랙홀 등 이론으로만 존재했던 수많은 장면을 찍을 수 있었다. 허블 망원경의 가장 큰 성과는 천문학자 에드윈 허블의 우주 팽창 이론을 증명했다는 점이다. 허블은 1929년 "멀리 있는 은하일수록 더 빨리 멀어진다"는 '허블의 법칙'을 발표했다. 허블 망원경은 거대한 별이 소멸하는 순간 엄청난 빛을 내뿜는 현상인 '초신성'을 관측했다. 워낙 강렬한 빛을 내뿜기 때문에 아주 먼 우주의 초신성도 관측할 수 있었다. 관측 결과, 더 멀리 있는 초신성일수록 지구에서 더 빨리 멀어졌다. 과학자들은 초신성이 멀어지는 속도를 역산해 우주의 나이를 약 138억년으로 추정하고 있다. 허블이 남긴 과학적인 성과는 셀 수 없을 정도로 많으며 관련 논문만도 1만 편 이상이다.

허블 망원경은 1994년 슈메이커 레비9 혜성이 목성에 충돌하는 장면을 생생하게 촬영하며 큰 주목을 받았다. 충돌 1년 4개월 전에 발견된 이 혜성은 목성에 가까워지면서 중력 때문에 21개의 조각으로 갈라져 제각각 충돌했다. 만일 이 혜성이 지구에 충돌했다면 대부분의 생명체가 살아남지 못했을 것으로 예상되는 거대한 사건이었다. 빛조차 탈출하지 못하는 블랙홀의 존재도, 별들이 새로 탄생하는가 하면 죽어 없어지기도 한다는 사실도 최근 수십년 사이에 알게 된 것들이다. 2011년 노벨상의 주역인 암흑에너지(Dark Energy) 연구에도 허블 망원경은 핵심 역할을 했다. 상식적으로는 물질이 중력을 갖고 있기 때문에 우주는 수축해야 정상인데 오히려 가속 팽창을 하고 있다. 과학자들은 암흑 에너지를 그 원인으로 꼽는다. 그런 것이 분명히 있는데 무엇인지는 아직 잘 모르기 때문에 암흑 에너지라고 이름 붙인 것이다. 멀리 있는 별의 사진을 정확하게 찍는 것이 허블의 장점인 만큼 이 연구에서도 허블 망원경은 그 위력을 발휘했다.

앞서 우리의 사주팔자나 별자리도 결국 태양계 속에서 지구라는 행성에 태어난 인간도 태양계 운동의 한 소행성이라는 통찰에서 시작하여 인간과 지구, 태양과의 어느 특정 시점을 분석하는 학문이라고 언급했다. 그러고 보면 연극에서 말한 태명 '우근'은 사실 우리 모두의 태명인 셈이다.

# 인류의
# 기원

— "역사를 공부하는 것은 과거로부터 배우기 위한 것이 아니라, 과거로부터 자유로워지기 위한 것이다."

— 유발 하라리

삶은 어디로부터 오며 (生從何處來 생종하처래)

죽음은 어디를 향해 가는가 (死向何處去 사향하처거)

삶이란 한 조각 구름이 피어난 것 (生也一片浮雲起 생야일편부운기)

죽음이란 한 조각 구름이 사라진 것 (死也一片浮雲滅 사야일편부운멸)

뜬구름 자체는 본래 실체가 없는 것 (浮雲自體本無實 부운자체본무실)

삶과 죽음이 오고 가는 것도 역시 이와 같으니 (生死去來亦如然 생작자 미상으로 전해 내려오는 선시(禪詩) 한 수이다. 인생의 덧없음, 허무함을 노래한 것처럼 보이나 실은 사람의 생명이 태어나서 죽는 것이 우주 삼라만상의 변화의 한 부분일 뿐이라는 통찰을 담고 있다.

재미 삼아 띠별 궁합을 맞춘다든지, 별자리로 애정운을 보는 것도 우리가 우주의 변화와 그 이치에 따라 움직이는 존재임을 스스로 확인하는 행위다. 우리는 왜 이처럼 본능적으로 우주의 움직임에 민감할까? 아니, 우리는 왜 이처럼 우주의 움직임에 민감하게 진화해왔을까? 우리는 어디에서 와서 어디로 가는지에 대한 끊임없는 질문에 대한 답이 아니었을까? 인간들이 만들어 놓은 다양한 종교적, 철학적 도그마들도 모두 이 질문에서 시작되었다.

우리는 과연 어디에서 왔으며 이제 어디로 가는 것일까? 이를 이해하려면 먼저 '많은 과학자들에 의해 인정받고 있는' 인류의 빅 히스토리(Big history)를 이해해야 한다. 인류는 수백만 년 전 침팬지 종에서 분화하여 점차 인류로 진화해왔다는 것이 학계의 정설로 받아들여지고 있다. 적어도 우리 '호모사피엔스'가 최종적으로 살아남기까지 진화하면서 인류는 엄청난 힘을 갖게 되었고, 그 과정에서 인간 중심의 다양한 역사를 만들어왔다. 나는 세상을

고갱, 우리는 어디서 왔는가, 나는 누구인가, 우리는 어디로 가는가

어떻게 바라보는가? 나는 무엇을 위해 존재하고 어떻게 살아가야 하는가? 앞으로 우리는 어떤 세상에서 살아갈 것인가? 빅 히스토리라는 렌즈를 통해 거대하고 심오한 질문을 던져보고 그 의미를 살펴보자.

'우리는 어디서 왔는가, 우리는 누구인가, 우리는 어디로 가는가' 라는 고갱의 작품이 있다. 그가 자살을 시도하기 전에 고독과 질병, 빈곤에 시달리면서 남긴 역작이다. 사랑하는 딸의 죽음을 마주한 뒤 점차 파괴되는 타히티를 바라보면서 이러한 철학적 고뇌를 가졌던 듯하다.

그림 전체에서 감도는 푸른 색감에서 죽음을 고민하던 고갱의 마음이 느껴진다. 누가 엄마인지 알 수 없는 세 여인 앞에 고개를 돌리고 누워 있는 아이의 모습에서 축복받지 못한 인간의 불행한 탄생의 순간이 떠오른다. 사과를 따고 있는 젊은 여성은 감당하지 못할 유혹에 굴복하여 선악과에 손을 댄 하와의 모습이 겹쳐지기도 한다. 절규하는 듯한 왼쪽 늙은 노파의 모습에서는 곧 다가올 죽음의 공포가 느껴진다. 이 작품은 인간이라면 누구나 고뇌할 수밖에 없는 질문들을 던진다. '우리는 누구인가, 왜 이 세상에서 태어났는가, 왜 고통스런 삶을 살다가 쓸쓸히 죽어가는가' 같은 질문들이다. 불교를 창시한 석가모니의 고민이나 성찰을 담은 것 같기도 하고 그래서인지 불교 사찰에서 볼 법한 탱화의 분위기도 난다.

그는 삶의 의미와 존재의 의미를 고민했던 것 같다. 이처럼 삶과 죽음에 대한 근원적인 질문을 이처럼 암울한 그림을 통해 우리에게 묻는 듯하다. 고갱의 작품은 우리의 출발점에 대해 다시금 생각하게 한다. 이런 질문이 중요한 이유는 우리 인간의 기원, 결국 내 존재의 근원에 대해 생각하는 기회를 제공하기 때문이다. '나는 과연 어떻게 태어났을까?' 이는 어릴 때 누구나 한 번쯤은 깊이 생각했던 질문이기도 하다.

# 세 가지
# 혁명

요즘 대한민국에서는 4차 산업혁명이 주요 화두다. 정치권과 경제계에서도 이제는 4차 산업혁명을 논하지 않고서는 이야기가 되지 않는 분위기다.

4차 산업혁명이란 무엇인가? 18세기 영국에서 일어난 증기기관을 통한 방직기, 방적기 혁명을 1차 산업혁명이라고 한다. 18세기 중반까지만 해도 겨울에 얼어 죽는 사람들이 많았다. 옷감이 부족해 제대로 입고 다니지 못했기 때문이다. 그런데 증기기관으로 방직기, 방적기가 탄생하고 옷감의 대량 생산이 가능해지면서 세상은 공급자 중심에서 소비자 중심으로 바뀌는 패러다임의 대전환을 맞는다. 그야말로 혁명이 이루어진 것이다. 그래서 산업혁명이라는 말이 붙었다.

이후 증기기관이 아닌 전기동력을 통한 대량 생산체제가 탄생했는데 이를 2차 산업혁명이라고 한다. 그리고 컴퓨터의 발명으로 인한 개인용 PC와 인터넷이 3차 산업혁명을 만들었다. 오늘날 우리는 이제 3차 산업혁명에서 4차 산업혁명 시대를 맞고 있다. 인류 역사상 이토록 짧은 기간에 세상을 뒤흔든 혁명이 잇달아 닥친 적이 있나 싶을 정도로 급변하는 시대다.

그렇다면 인류사에는 산업혁명 이전에 또 어떤 혁명이 있었을까? 초기 인류 조상은 약 6백만년 전 진화의 과정을 통해 침팬지 종으로부터 분리되었다. 이후 다양한 인류가 지구 상에 등장하였고 적어도 현재까지 29종 이상의 인류가 지구 상에 생겨나 치열한 생존 경쟁을 벌였다. 결국 20만년 전 동아프리카에서 현생 인류이자 우리인 '호모사피엔스'가 나타났다. 생물학은 사피엔스 인류를 그저 별볼일 없던 포유류 중 하나로 기술한다. 유발 하라리의 저서 〈사피엔스〉에는 인류가 어떻게 세상을 지배하는 존재가 되었는지 나온다. 인류의 출현과 발전 과정을 살펴보면 우리가 어떤 본성과 특징을 갖게 되었는지도 알 수 있다.

처음 사피엔스 인류는 생태계 먹이 사슬에서 중간 정도를 차지하는 존재에 불과했다. 하지만 약 7만년 전 호모사피엔스의 뇌에 엄청난 일이 발생한다. '인지혁명'이라고 불리는 사건으로 호모사피엔스가 고도의 언어 소통 능력을 갖게 된 것이다. 이 언어 소통 능력 덕분에 호모사피엔스는 서로 협력하고 사회를 이루어 살게 되었고 이로 인해 그 어떤 동물들보다 큰 힘을 소유할 수 있었다. 대형 동물들과 1대1로 싸운다고 가정하면, 인간이 이길 수 있는 경우는 별로 없지만 숫자가 늘어날수록 인간은 협력할 수 있으며 여기서 집단의 힘이 생겨난다. 호모사피엔스가 전세계로 퍼져나가면서 각 대륙의 대형동물들이 멸종하게 되었다. 인류의 협력 사냥 기술 때문이었다.

점차 인류는 힘을 축적하면서 자신을 동물과는 다른 특별한 존재라고 믿기 시작했다. 원래 호모사피엔스는 지구라는 무대의 조연배우에 불과했지만 1만 2천년 전 농업혁명을 통해 집약된 힘을 바탕으로 종교가 등장하면서 신과 인간만이 주연이 되었고 나머지는 무대에서 모두 퇴장해야 했다. 인간은 신의 형상을 바탕으로 창조된 특별한 존재로 자신들을 묘사했으며, 지구를 정복하고 다스리는 신성한 권한을 신에게서 부여 받았다고 믿었다. 그러다가 약 500년 전 유럽에서 시작된 과학 혁명을 통해 이제는 신마저 퇴장해야 했다. 이제 지구라는 무대에는 오로지 인간만 존재하게 되었다. 휴머니즘, 즉 인본주의의 등장으로 인간만이 절대 권력과 우위를 갖게 된 것이다.

인간이 보유한 생존 본능이나 감정들은 사실 동물과 크게 다르지 않다. 하지만 오랜 진화의 과정을 통해 특별한 언어 소통 능력을 갖게 되었고 언어를 수단으로 협력 체계를 통해 거대한 힘을 만들어온 것이다. 이처럼 우리 인간은 원시시대부터 인지혁명, 농업혁명, 과학혁명을 통해 끊임없이 '진화' 해왔다. 하지만 우리의 진화는 호모사피엔스로 종료된 것이 아니다. 지금도 우리의 진화는 'ing', 현재 진행형이다.

# 강한 것이 살아남는 게
# 아니다

'시간이 흐르면 원숭이가 사람이 된다'는 생각은 진화론을 잘못 이해한 것이다. 사람과 침팬지는 이미 600만 년 전에 분화하여 서로 다른 종이 되었다. 따라서 이미 분화된 침팬지나 원숭이는 시간이 아무리 흘러도 사람이 되지 않는다. 진화론의 본질은 '자연선택(natural selection)'이라는 과정을 통해 아주 오랜 시간에 걸쳐 끊임없이 다양한 종의 변화가 생겨난다는 것이다.

찰스 다윈은 〈종의 기원〉에서 '생명의 나무'라는 개념을 선보였다. 지구에서 살고 있거나 멸종된 모든 생물 종의 진화 계통을 나타낸 나무처럼 생긴 도표이다. 그는 이 생명의 나무를 통해 지구 상에 살았던 생물들의 진화를 설명할 수 있다고 믿었다.

2016년 4월, 과학자들은 DNA 분석을 통해 생명체의 진화 과정을 새롭게 정리한 '생명의 나무'를 공개했다. 그 동안의 연구를 통해 가장 원초적인 생명체 박테리아가 모든 생명체의 근원이 되었다는 사실을 밝혀낸 것이다. 이 계통도에 따르면 박테리아에서 시작된 생물 종은 다양한 경로를 통해 식물과 동물로 진화했고 결국 고등생물로 진화했다. 생명의 나무의 마지막에는 우리 인간이 위치하고 있다. 이번 연구에 동원된 생물 종은 3,000여 개에 이르고 그동안 알려진 2,072개 종과 새로 발견한 1011개 종에서 DNA를 채취해서 그 안에 들어있는 유전자를 분석한 후 다윈의 '생명의 나무'를 잇는 최신 계통도를 완성했다.

　　사실 진화의 과정에는 특별한 의미도 방향도 없다. 그저 환경에 적합한 종이 다음 세대에 더 많은 유전자를 전달하는 기회를 가질 뿐이다. 이 때문에 진화론은 늘 논쟁의 중심이 되었고 수많은 오해를 불러 일으키기도 했다. 대표적인 오해는 '약육강식'의 논리다. 강한 자가 약한 자를 희생시켜서 번영하는 것은 당연하다는 잘못된 생각이 제국주의 사상의 중심이 되었고, 여기에서 우생학이 나오기도 했으며, 나치의 인종차별주의로 오용되어 유대인 학살이라는 끔찍한 역사를 만들기도 했다.

　　하지만 진화론은 강자가 약자를 잡아먹는 것이 당연하다고 설명하지 않는다. "강한 자가 살아남는 것이 아니라 살아남은 자가 강한 것"이라는 말이 있다. 치열하게 살아가는 우리의 삶을 빗대어 서로 응원하고 격려하는 데도 많이 사용되는 말이다. 특히 영세 자영업자나 소기업을 운영하는 사람들이, 대기업의 횡포나 가진 자의 갑질 등 강자들에게 억눌려 힘겹게 살아가면서도 살아남아서 버티자는 각오로 되새기는 말이기도 하다. 강해서 살아남는 게 아니라, 지금 살아남은 모든 것이 실상은 강한 것이다. 오히려 약자일지라도 환경에 적합한 종이라면 더 높은 생존과 번식의 기회를 갖는다. 적어도 진화의 과정에서 생명은 '강해지는 것'이 목표가 되어서는 안 되고 '살아남는 것'이 목표여야 한다. 한때 지구를 호령했던 공룡을 비롯해 수많았던 거대하고 강한 동물들이 모두 멸종된 것만 봐도 알 수 있다.

　이 진화론은 우리 개개인에게 어떤 의미일까? 진화 심리학자 전중환 박사는 사람의 마음이란 그저 생존과 번식을 위해 다양한 욕망과 본성을 모아둔 '오래된 연장통'과 같다고 설명한다. 예를 들어 우리는 본능적으로 달달한 음식과 지방이 풍부한 고기를 맛있다고 느낀다. 많이 먹으면 몸에 해로운 것을 알면서도 여전히 습관적으로 찾는다. 아주 오래 전 수렵과 채집 생활을 할 때, 칼로리 높은 과일과 기름진 고기야말로 생존에 꼭 필요한 수단이었기 때문이다. 그런데 먹을 것이 차고 넘치는 요즘에도 과거의 오래된 본능이 여전히 우리 몸에 작동하는 것이다. 불쾌한 냄새가 나거나 부패한 물건을 보게 되면 나도 모르게 얼굴을 찡그리고 구토감을 느끼는데, 이는 위험한 병원균으로부터 자신을 보호하고 위험 요소를 본능적으로 차단하기 위해서다. 이러한 혐오 본능은 사물뿐 아니라 대인 관계나 연예인 스캔들, 권력형 부패 비리 등 정신적으로 혐오를 일으키는 상황에서도 동일하게 작동한다. 우리는 물이 있는 아름다운 풍경이나 평화로운 초원을 바라보면서 평안을 느낀다. '조망과 피신' 이론에 따르면 인류는 생존에 필수였던 물이 있는 곳에서 아름다움을 느끼며 적당하게 자신을 숨기고 대상을 관찰할 수 있는 지역을 선호했다. 우리가 전망 좋은 카페에서 창가 쪽 구석 자리를 본능적으로 좋아하는 이유이기도 하다.

젊은 남성은 여성에 비해 왜 늘 무모하고 위험한 선택을 할까? 초기 인류 남성들은 경쟁에서 이겨서 높은 사회적 서열을 차지하면 여러 명의 여성을 동시에 차지할 기회를 얻었지만 별볼일 없는 남성은 목숨조차 부지하기 어려웠기 때문이다. 대부분의 남성들은 '모 아니면 도'와 같은 심리를 갖게 되었고 위험을 기꺼이 택하는 방식으로 진화했다. 남자들이 별것 없는 내기에 그토록 목숨을 거는 것도 이런 본능 때문이다. 남성의 경쟁 심리 밑바닥에는 오랜 생존과 번식의 욕구가 자리 잡고 있다. 한때 큰 인기를 끌었던 베스트셀러 〈화성에서 온 남자 금성에서 온 여자〉는 전혀 다른 남녀의 사고방식과 심리를 풀어 쓴 내용이다. 여성은 남성을 선택할 때 본인과 아이를 책임지고 지켜줄 수 있는지를 중요하게 보았고, 남성의 능력과 신뢰를 기반으로 위험을 최소화시키는 방향으로 진화했다. 남녀가 서로 다른 심리 구조를 갖게 된 이유 역시 진화의 산물이다.

우리가 흔히 본능이라고 표현하는 다양한 마음들은 사실 오랜 진화의 과정을 통해 다듬어진 심리적 기제이다. '마음'이라고 표현하는 단어 하면 무엇이 떠오르는가? 대부분 심장을 떠올린다. 그래서 마음을 '하트(heart)'로 표현하고 마음 하면 심장이나 가슴을 생각한다. 마음 깊이 느낀다고 할 때, 대부분 손을 가슴에 살포시 대는 것을 보면 알 수 있다. 그러나 인간의 마음은 심장에 있지 않다. 우리의 마음은 결국 정신이며 그 정신은 사실 뇌에 있으니, 우리의 뇌가 곧 마음이다. 우리의 뇌에는 마음, 즉 진화를 통해 다듬어진 생체 알고리즘이 있는 것이다. 못된 습관을 다시는 반복하지 않겠다고 다짐했지만 마음과 감정은 이미 그것을 원하고 있다. 다시 말해 우리의 뇌가 그것을 원하는 것이다. 아무리 다짐해도 잠시 정신줄을 놓은 사이 이미 제자리로 돌아와 있는 것도 뇌의 역할이다. 진화론은 나 자신도 이해하기 힘든 내 마음과 행동을 객관적으로 이해할 수 있게 해준다. 진화론을 받아들이기 싫은 이유는, 인간이 다른 동물과는 다른 특별한 존재라는 믿음 때문이다. 신이 태초부터 '완전체 인간'으로 창조했다는 믿음으로는 우리가 누구인지, 어디서 왔는지 제대로 설명하지 못한다. 성경의 창세기는 유대인들의 세계관과 우주관이 반영된 상징적 신화라고 봐야 한다. 이를 억지로 과학적으로 해석하려다 보니 소모적인 논쟁이나 때론 죽음도 불사하는 전쟁이 된다. 신화는 신화로 받아들이고 과학은 과학으로 검증하는 것이 옳은 접근이 아닐까 생각한다. 어쨌거나 진화론과 창조론은 여전히 과학과 종교 간의 첨예한 논쟁점에 놓여 있지만 믿음에 관한 한, 무엇을 바탕으로 어떤 것을 믿을지는 결국 본인의 선택에 달려 있다.

# 혁명의 시작에는
# 여자가 있었다

—— "여자가 그 열매를 따먹고 자기와 함께 있는 남편에게도 주니 그
도 먹은지라(창세기 3장 6절)."

앞에서 이야기한 1만 2천년 전의 농업혁명은 인류사에 중대한 변
화를 만들어냈다. 성경의 창세기에 나오는 에덴동산과 선악과의
이야기는 이미 많은 사람들이 잘 알고 있는 내용이다. 성경의 이
야기 중 많은 부분은 깊은 의미가 담긴 상징과 은유로 구성되어
있다. 성경에 따르면 인류는 신과 같이 되고 싶다는 욕망으로 인
해 신이 먹지 말라고 한 선악과(선악을 알게 하는 나무가 맞는 표현이다)
를 따먹었고 신의 명령을 어긴 죗값으로 낙원인 '에덴동산'에서

쫓겨나 영원한 형벌을 받게 되었다. 남자인 아담은 죽을 때까지 땀을 흘리며 일해서 땅의 소산물을 먹고 살아가는 형벌을, 여자 하와는 출산의 고통이라는 형벌을 받았다.

유발 하라리의 〈호모 데우스〉는 이를 농업혁명에 빗대어 숨겨진 의미를 해석한다. 원래 수렵과 채집을 통해 이곳 저곳을 이동하며 살았던 인류는 훨씬 더 적은 시간의 노동을 했으며 오히려 다양한 종류의 음식을 먹으며 지냈다. 비록 평균 수명은 훨씬 짧았지만 다들 평등한 세상에서 나름 행복하게 살았을 것이다. 야생 작물을 직접 재배하고 야생 동물을 가축화하면서 인류는 엄청나게 바뀐 삶을 살게 된다. 더는 이곳 저곳을 떠돌지 않고 특정 지역에 정착하여 더 많아진 농산물과 고기를 얻을 수 있었다. 그러자 인구는 증가했으며 사람들이 많아지자 '질서'가 필요하게 되었다. '질서'는 구분 짓기, 즉 '범주화'에서 시작된다. 범주화는 강한 자와 약한 자, 우리 마을에서 필요한 자와 필요 없는 자 등으로 구분 지으며 자연스럽게 계급을 나누어 지배 계급이 생겨났다.

이렇게 처음 원시 사냥꾼에서 시작한 인류는 농사를 시작한 후부터 더 많은 시간 동안 노동을 해야 했고 늘어난 인구와 세금으로 인해 더 고통스런 삶을 살게 되었다. 여자들은 더 많은 출산을 감당해야 했고 더 많은 가사와 노동에 시달리게 되었다. 농업혁명은 인류 역사의 중요한 사건이었지만 호모사피엔스 개개인에게는 일종의 형벌이었던 셈이다.

여기에 약간의 추측을 덧붙이자면 농업 혁명은 여자들로부터 시작되었을 가능성이 높다. 남자들이 수렵 사냥을 담당하고 여자들은 주로 채집을 했기 때문이다. 떠돌이 채집 생활을 하면서 신생아를 몇 년씩 돌보아야 했던 여자들은 가능한 한 곳에 오래 머무르기 원했을 것이다. 수렵 채집이 자연 환경이 제공하는 것을 수동적으로 취하는 방식이었다면 농업과 가축은 원하는 것을 일정한 지역에서 마음대로 얻을 수 있는 능동적인 방식이었다.

선악과의 상징은 바로 채집을 담당하던 여자들이 농업혁명의 가능성을 깨닫고 남자들을 유혹하거나 설득하여 농업과 가축에 관심을 갖게 했던 것 아닐까 싶다. 그렇기 때문에 성경에도 처음 하와가 먼저 선악과를 따먹고 아담에게 주었다고 서술하지 않았을까? 그렇다면 하와를 유혹했던 뱀은 무엇을 의미할까? 우리는 본능적으로 뱀과 같은 파충류를 무서워하고 싫어한다. 우리의 혐오 본능에 새겨져 있기 때문이다. 물론 뱀이 죽음에 이르게 하는 치명적인 공격성을 가지고 있기도 하지만, 원시 인류가 지구 상에 등장하였을 때 지구의 주인은 파충류였을 가능성이 있다. 원시 인류는 파충류를 피해 숨어 지내며 수렵과 채집을 통해 근근이 살아갔을 것이고 파충류를 두려워하지 않는 원시 인류는 쉽게 죽음을 맞이했을 것이므로 파충류를 많이 무서워하는 원시 인류가 더 많은 유전자를 남겼을 것이다. 성경 상의 뱀은 결국 인류의 혐오 본능과 생존 본능을 상징하는 것이 아닐까 추측해 본다. 생존 가능성을 높이기 위해 안전한 곳에서 정착 생활을 원하던 호모사피엔스가 수많은 원시인류 중 최후의 승자로 남을 수 있었다는 또 다른 증거가 있다.

# 최종 승자의 비밀,
# 열 살에 나는 어금니

EBS 다큐멘터리 '사라진 인류'를 보면 적어도 수백만 년 전, 침팬지에서 분화한 인류는 최소 29종 이상이었다고 한다. 우리가 잘 아는 오스트랄로피테쿠스도 오스트랄로피테쿠스 아나멘시스, 오스트랄로피테쿠스 발레그하자리 등으로 나눌 수 있고, 오로린 투게넨시스, 사헬란트로푸스 차덴시스, 아르디피테쿠스 카다바, 아르디피테쿠스 라미두스, 호모 하빌리스, 호모 루돌펜시스, 호모 에르가스터, 호모 하이델베르겐시스, 호모 안테세소르, 호모 네안데르탈렌시스, 호모사피엔스(현생 인류) 등 그 이름도 다양했다.

어떤 종은 채식만 하기도 했고 어떤 종은 육식만 했다. 몸집이 큰 종도 있었고 몸집이 작은 종도 있었다. 이런 원시 인류에서 인간다움의 시작을 알리는 종이 있었으니 바로 호모 하이델베르겐시스다. 이들은 맹수가 가득한 위험천만한 환경에서 살아가며 매우 고단한 삶을 살았을 것으로 추정된다. 그러한 환경에 적응하기 위해 몸집을 키우고 근육질의 단단한 몸을 가졌다. 이들은 망자(亡者)에 대한 의식(儀式)이 있었고 언어를 사용했을 가능성을 보여주는 면에서 인류 최초로 인간다움을 보여준 종으로 알려져 있다. 특히 이들은 죽은 자의 뇌를 으깬 뒤 뇌를 꺼내 먹었을 가능성을 보여주는데 그럼으로써 죽은 자의 지혜를 흡수한다는 원시적인 사고에서 비롯했을 것으로 추정된다. 이들은 인류 최초로 동료를 살해한 종으로도 알려져 있다.

'파란트로푸스 보이세이(Paranthropus boisei)'는 최근까지 오스트랄로피테쿠스 보이세이(Australopithecus boisei)로 불렸는데, 약 260만년~50만년 전 동아프리카에서 살았으며 몸무게는 약 45kg, 키는 1m~1.5m정도였고 암수 간에 크기 차이가 심했으며 뇌용량은 500cc전후로 우리 뇌의 약 1/3 수준이었다. 뇌가 작았던 이유는 이들이 채식을 했던 것과 관련이 있다. 우리 치아보다 네 배나 큰 어금니와 턱 때문에 '호두까기 맨'이라 불렸다. 풀을 소화시키느라 턱이 발달하고 얼굴은 넓적해졌다. 채식동물은 육식동물과 비교하여 같은 칼로리라도 많은 양을 먹어야 했는데, 인간의 식량

호모 네안데르탈렌시스

섭취량에는 한계가 있어서 어쩔 수 없이 뇌는 다른 신체 장기와 경쟁하게 되었고 보이세이는 뇌의 크기를 줄이고 내장의 크기를 키운 것이다. 이렇게 채식을 한 보이세이는 덩치를 유지하기 위해 하루 8시간 이상을 풀을 먹는 데 써야 했으며 따라서 포식자들인 맹수에게 쉽게 노출되었다. 그래서 결국 살아남지 못하고 멸종되게 되었다는 설명이다.

우리가 네안데르탈인이라고 하는 호모 네안데르탈렌시스(Homo neanderthalensis)는 유럽을 중심으로 서아시아, 중아아시아, 북부 아프리카에까지 분포된 인종으로 우리 현생 인류와 최종적으로 승자 경쟁을 한 종이다. 1856년 독일 프로이센의 뒤셀도르프 근교 네안데르(Neander)계곡에서 발견되어 네안데르탈인이라는 이름을 얻었는데, 매장 풍습과 불을 사용했으며 협력해서 사냥하고 공정하게 나누는 문화를 가지고 있었고 언어도 사용했다. 현생 인류인 호모사피엔스와 견주어 손색없는 인류의 모습을 하고 있었다. 실제로 20세기 중반까지는 호모 네안데르탈렌시스를 호모사피엔스의 아종(亞種)으로 보고 '호모사피엔스 네안데르탈렌시스'로 보기도 했다.

하지만 미토콘드리아 DNA분석 결과 두 인종은 유전적으로 전혀 다른 특성을 지니고 있어 다른 종으로 분류되었다. 이 둘은 인류 역사에서 빙하기를 지나 마지막까지 살아남은 인종이며, 인류사의 최종 승자는 바로 우리인 '호모사피엔스'다. 호모사피엔스는 최종적으로 살아남았고 네안데르탈인은 멸종했다. 왜 우리는 살아남고 네안데르탈인은 멸종했을까? 신체 조건만 보면 호모사피엔스는 네안데르탈인의 적수가 되지 못한다. 네안데르탈인은 마치 덩치 큰 근육질의 격투기 선수처럼, 우리보다 몸집도 크고 근육질의 다부진 체형이다. 반면 호모사피엔스는 그에 비해 가냘 프고 연약하다. 호모사피엔스가 네안데르탈인과 맞붙어 싸우면 뼈도 못 추리고 죽임당할 것이다. 그렇다면 신체 크기에 따른 근육량이나 골격이 생존 조건은 아니다. 이에 대한 많은 이론과 추정들이 있었지만 해답은 의외의 곳에 있었다.

과학자들은 호모사피엔스와 네안데르탈인의 치아를 연구했다. 사람의 치아는 나무처럼 자라면서 첫 성장선과 스트레스선 그리고 사망선까지 사람의 일생을 기록으로 고스란히 남긴다. 이를 '치아형성부전'이라고 한다. 치아를 연구하면 그 사람의 일생을 살펴볼 수 있다. 그렇게 두 인종의 치아를 연구했더니 호모사피엔스와 네안데르탈인에게는 결정적인 차이가 존재했다. 바로 어금니의 발치 시기다.

호모사피엔스는 어금니가 10살에 났는데 네안데르탈인은 6살에 나왔다. 이것이 이 두 인류의 가장 큰 차이였다. 어금니가 났다는 것은 유년기가 끝났다는 의미이다. "어금니를 악물다"라는 표현이 있다. 고통이나 분노를 참으려는 굳은 의지를 나타내는 말이다. 한자에도 어금니가 들어 있는 표현으로 '아성(牙城)'이라는 말이 있다. "아성이 무너지다", "아성을 깨뜨리다" 등으로 사용하는데 무언가 중요한 것이 무너졌을 때 쓰는 말이다. 이처럼 어금니는 고통이나 분노를 참는 데 필요한 굳은 의지, 또는 매우 중요한 것을 뜻한다. 그래서 사람에게 어금니가 나왔다는 것은 고통이나 분노를 참을 수 있는 의지가 강해졌다는 것, 다시 말해 유년기가 끝나고 본격적으로 성인이 되었다는 의미이기도 하다. 특히 수명이 20년 정도에 불과하던 원시 시대에는 어금니가 나왔다는 것은 이제 어른이 되었다는 것이고 수렵활동이나 채집 활동에 투입될 수 있었음을 의미한다. 실제로 옛날에는 어금니가 나온 10세 전후로 시집이나 장가를 보내는 조혼 풍습이 동서양을 막론하고 존재했다.

두 인류의 어금니 발치 시기를 통해 호모사피엔스는 10년이라는 유년기가 있었고 네안데르탈인은 6년의 유년기가 있었던 것을 알 수 있다. 호모사피엔스는 10살에 유년기를 끝내고 생존 활동을 위한 수렵행위나 채집행위에 투입이 될 수 있었던 반면, 네안데르탈인은 6살에 유년기를 끝내고 생존활동을 위한 수렵행위나 노동행위에 투입되었다. 네안데르탈인은 우리보다 무려 4년이나 일찍 생존경쟁에 뛰어들어야 했다. 수명이 불과 20년 정도밖에 되지 않던 고대 인류에게 있어서 6살에 성인이 되는 것과 10살에 성인이 되는 것은 매우 큰 차이가 있다. 일찍 생존경쟁에 뛰어들었던 네안데르탈인은 멸종하고 좀더 긴 유년기를 보냈던 호모사피엔스가 결국 생존경쟁에서 살아남을 수 있었다. 왜 그랬을까?

유년기를 더 길게 보낼 수 있도록 진화했다는 것은 더 안정적인 환경에서 양육하도록 진화했다는 의미다. 수렵이나 채집 활동이 아닌 정착 생활을 통해서 가능해진 것이다. 바로 농업혁명을 통한 정착생활을 할 수 있을 때 가능한 일이다. 그렇게 유년기를 더 많이 보내게 되면 자연스럽게 부모로부터 더 많은 가정 교육을 받을 수 있고 사회화 교육을 충분히 받을 수 있다. 즉, 긴 유년기를 보내면서 더 풍부하게 부모로부터 유대감과 정서적 교감, 안정감을 얻을 수 있었다. 이는 두뇌의 정서적 발달과 교감능력의 발달을 가져온다.

인간은 포유류를 비롯한 모든 동물 중 가장 긴 유년기를 보낸다. 갓 태어난 강아지나 망아지가 바로 걷고 혼자 먹고 뛰는 데 걸리는 시간과 인간에게 필요한 시간을 비교하면 인간이 얼마나 유약한 존재인지 알 수 있다. 이처럼 가장 늦게까지 부모의 품에서 안정된 보육과 돌봄을 필요로 하고 가장 늦게 생존 경쟁에 뛰어들게 진화한 호모사피엔스가 결국 지구 상 수많은 인류 중에 최후의 승자가 되었다는 것은 참으로 역설적인 일이다. 모든 동물의 유년기는 생존 활동을 하는 시기가 아니라 놀면서 부모, 형제와 사회성을 기르는 시기다. 특히 인간에게 있어 유년기는 사회성은 물론 창의력을 기르는 시기다. 아이들의 놀랍고도 창의적인 상상력에 어른들도 놀랄 때가 많다. 이렇듯 유년기는 말을 배우고 세상을 익히면서 무한한 상상력을 기를 수 있는 시기다. 호모사피엔스는 10년의 유년기를 보내면서 충분한 가정교육과 사회성, 창의력 등을 기를 수 있었다. 이에 반해 네안데르탈인은 우리에 비해 현저히 부족한 유년기를 보내야 했고 따라서 충분한 가정교육이나 사회성, 창의력을 기르기도 전에 생존 경쟁에 뛰어들어 힘겹고 고단한 삶을 이어가야 했다. 이것이 네안데르탈인은 멸종하고 호모사피엔스는 살아남은 비결이다.

아기에게 더 안락하고 안정적인 유년기를 보낼 수 있게 하기 위해서는, 다시 말해 최대한 늦게 아이가 생존 경쟁에 뛰어들게 만들기 위해서는 그만큼 부모가 더 많은 노동을 해야 했다. 호모사피엔스의 농업혁명은 결과적으로 남자들은 가족을 위해 죽도록 노동을 해야 하고 그러다 보니 더욱 많은 노동력이 필요하여 여자들은 더 많은 아이를 출산해야 함으로 출산의 고통에 시달리게 되는 아이러니를 만들었다. 이러한 역설적인 상황이 세대를 넘어 전해지면서 고된 삶이 신의 형벌이라는 상징으로 자리 잡았을 것이다. 아이를 낳고 종신토록 일해서 땅의 소산을 먹고 살게 된 우리의 삶 그 자체가 신이 우리에게 주신 명령이라고 받아들이게 된 것이다. 이것이 성경의 창세기에서 말하는 신의 형벌인 셈이다.

인류의 진화 과정에서 인간이라는 용어는 현생인류와 그 직계 조상을 포함하는 분류인 사람속(屬 Homo)을 의미하나, 인류의 진화에 대한 연구는 일반적으로 진화 단계상 존재했던 오스트랄로피테쿠스 등의 다른 사람과(科, Hominidae, 사람, 고릴라, 침팬지, 오랑우탄 등의 영장류)도 포함한다. 사람속(屬 Homo)은 오스트랄로피테쿠스로부터 230만년 전에서 240만년 전 사이에 아프리카에서 분리되었다. 인류의 진화에 대한 과학자들의 가장 지배적인 견해는 '아프리카 기원설' 인데 인간이 아프리카에서 진화하여 5만년에서 1만년 사이에, 아시아에서는 호모 에렉투스가 유럽에서는 호모 네안데르탈렌시스가 이주했다는 설이다.

우리가 학창 시절에 배운 "종 < 속 < 과 < 목 < 강 < 문 < 계"의 영어 표기는 다음과 같다. (계로 갈수록 더 범위가 커지는 것임)

계(界) kingdom

문(門) divisio, division (동물분류에서는 phylum)

강(綱) classis, class

목(目) ordo, order

과(科) familia, family

족(族) tribus, tribe

속(屬) genus

절(節) sectio

계(系) series

종(種) species

변종(變種) varietas, variety

품종(品種) forma

재배변종(栽培變種) cultivar

개체(個體) clone

위의 각 영어표기 앞에 sub를 붙이면 아(亞)-의 의미가 된다. 예를 들어 genus 앞에 sub를 붙여 subgenus를 만들면 아속(亞屬)의 의미를 갖는 단위의 표기가 된다. 따라서, 종 < 속 < 과 < 목 < 강 < 문 < 계는 species < genus < family < order < class < division < kingdom이 된다.

# 신이 준 선물
# 콤플렉스

— "콤플렉스는 신이 준 선물이다."

– 김태원(가수)

콤플렉스라는 말을 들으면 자동적으로 부정적인 의미를 떠올리기 마련이다. 흔히 "나는 키가 작은 게 콤플렉스야", "나는 코가 콤플렉스야"처럼 외모의 단점을 일컫거나 "나는 학벌이 콤플렉스야", "집안이 콤플렉스야" 식으로 출신 배경의 단점 등을 일컫는 데 주로 쓰이기 때문이다. 콤플렉스는 자신의 행동이나 지각에 영향을 미치는 무의식적인 감정적 관념이나 욕망, 기억 등을 뜻하는 심리학 용어로 감정복합(Feeling Toned complex)이라고도 한다. 쉽게 말해 여러 감정이 복잡하게 얽혀서 만들어낸 일종의 복잡한 마음 상태 그 자체이다. 프로이트파, 아들러파, 융파 등 심층심리학에서 발달하여 오늘날 정신의학에서 널리 발전되었고, 일본에서는 서양 의학의 도입과 함께 프로이트의 정신분석이 심리학, 정신의학의 주요 학설로 들어왔다. 이후 미국의 알프레드 아들러의 '인격 심리학'이 들어와 널리 퍼졌는데 이는 열등복합(inferiority complex) 이론을 중심으로 한 심리학이다. 열등복합이 바로 열등 콤플렉스이며, 지금도 일본에서는 콤플렉스 하면 암묵적으로 열등 콤플렉스를 일컫게 되고 나아가 '열등감'과 동의어로 사용된다. 우리나라도 이 영향을 받아 콤플렉스를 '열등감'으로 생각하는 경향이 강하다.

그러나 콤플렉스는 엄밀하게 말하면 열등감을 지칭하는 것이 아니다. 특히 콤플렉스를 열등감으로 번역하여 사용하면 우리 자신에 대해 제대로 파악할 수 없게 된다.

콤플렉스에 대한 다음 이론들을 들어보았을 것이다. 사내아이가 아버지를 미워하고 어머니에게 성적인 애정을 표시하는 '오이디푸스 콤플렉스(Oedipus complex)'나 여자아이가 아버지에게 애정을 나타내는 '엘렉트라 콤플렉스(Electra complex)', 형제 간의 적대감을 나타내는 '카인 콤플렉스(Cain complex)', 여자로서 남자에게 지고 싶지 않아 남성적인 직업을 선택하거나 독신으로 사는 '디아나 콤플렉스(Diana complex)', 착한 아이가 되기 위해 욕구를 억압하는 말과 행동을 반복하는 '착한 아이 콤플렉스', 흔히 여성들이 자신을 구해줄 멋진 남성을 기다린다는 '신데렐라 콤플렉스' 등이다. 그 외에도 수많은 콤플렉스가 있다.

얼마 전 TV프로그램에서 가수 김태원이 이런 말을 한 적이 있다. "콤플렉스는 신이 준 선물이다." 콤플렉스에 대한 이처럼 명쾌한 정의를 본 적이 없다고 생각한다. 콤플렉스는 열등감이 아니라 신이 준 선물이라는 생각은 김태원 씨 스스로 수많은 고통을 겪으며 인고의 시간을 보내면서 터득한 성찰일 것이다. 그렇다면 콤플렉스는 진짜 무엇을 의미하는지 살펴보자.


## 1. 칭찬을 싫어하는 아이

칭찬을 싫어하는 아이가 있다. 남 앞에 나서기도 싫어하고 칭찬을 받거나 상을 받는 것을 매우 싫어한다. 세상에 이럴 수가, 참 별난 아이가 아닌가? 그런데 그 아이의 콤플렉스를 들여다 보니 답이 나왔다.

그 아이는 맏딸이었고 남동생이 하나 있었다. 본인은 공부를 잘했지만 남동생은 공부를 못했다. 아이가 우등상을 받아온 그날, 남동생은 엄한 아버지에게 얻어 맞아야 했다. 아들에게 기대가 컸던 아버지는 누나보다 공부를 못하는 아들이 늘 못마땅했다. 그러다 보니 아이가 우등상을 받아 오면 그 아이를 칭찬하고 기뻐하기보다는 누나보다 공부를 못하는 아들에게 화를 내기 일쑤였다. 저녁 밥상에서 아버지는 누나보다 공부를 못한다며 남동생을 호되게 꾸짖고 혼냈다. 아들은 영문도 모른 채 얻어맞고 울었다. 아이는 자기가 공부를 잘해서 상을 받으면 동생이 얻어맞고 집안 분위기가 엉망이 되는 것이 싫었다. 점점 성적이 잘 나오는 것이 두려워졌고 우등상을 받는 것이 무서워졌다. 일부러 한두 개씩 틀리고 일부러 우등상을 피했다. 남에게 칭찬받는 것이 점점 싫어졌다. 칭찬과 상 받는 것을 싫어하는 아이는 사실, 잘못된 아버지의 훈육에서 비롯된 콤플렉스였다.

## 2. 장애인과 결혼하겠다는 아이

한 여자아이가 있었다. 이 아이는 자라면서 입버릇처럼 자기는 커서 몸이 불편한 장애인과 결혼하겠다고 말하고 다녔다. 부모는 말이 씨가 된다며 그런 말을 할 때마다 혼을 냈지만 아이는 자라서 진짜로 장애인과 결혼하여 가정을 이루었다. 왜 그랬을까?

아이의 아버지는 매우 무섭고 난폭한 남자였고 어머니는 상냥하고 예쁜 여자였다. 난폭한 아버지는 수시로 아내를 두들겨 팼다. 별 잘못한 것도 없는데 아버지에게 얻어 맞는 어머니의 모습을 보고 자란 아이는 자기도 모르게 '나도 나중에 결혼하면 남자에게 저렇게 맞겠구나' 하는 두려움을 갖게 되었던 것이다. 그렇다면 결혼을 아예 하지 않거나, 어쩔 수 없이 결혼해야 한다면 몸이 불편한 남자와 결혼해야겠다고 생각했다. 특히 앞을 보지 못하는 시각장애인이라면 자신을 때릴 수 없을 거라는 생각이 자리잡게 되었다. 그 아이는 실제로 나중에 커서 시각장애인의 아내가 된다. 장애인과 결혼하겠다는 아이는 성격이 별나서가 아니라, 잘못된 아버지의 행동에서 비롯된 콤플렉스였던 것이다.

이처럼 콤플렉스는 타고난 외모적 열등감이 아니라 자라온 가정환경, 훈육환경에서 비롯된, 말 그대로 '매우 복합적인 감정상태'이다. 즉, 부자로 자랐으면 부자로 자란 콤플렉스, 가난하게 자랐으면 가난하게 자란 콤플렉스, 중산층으로 평범하게 살았으면 또 평범한 중산층 콤플렉스, 형제가 많으면 형제가 많은 콤플렉스, 장남이면 장남 콤플렉스, 차남이면 차남 콤플렉스, 막내면 막내 콤플렉스, 남자 형제 많은 중에 딸로 태어났으면 남자형제 많은 딸 콤플렉스, 반대로 여자 형제 많은 가운데 남자로 태어났으면 여자형제 많은 아들 콤플렉스, 아버지가 일찍 돌아가셨으면 아버지를 일찍 여읜 콤플렉스, 반대로 어머니를 일찍 여읜 콤플렉스

등등 우리는 태어나면서부터 수많은 콤플렉스로 자라게 되는 환경에 놓여진다. 따라서 콤플렉스는 열등감이 아니라, 바로 자신이 태어나서 자라온 태생적, 가정적, 훈육적 환경에서 기인하는 나의 복합적인 성격적, 심리적 기질을 일컫는 말이다. 호모사피엔스는 긴 유년기를 보낼 수 있었던 만큼 유년기 시절 가정환경에서 비롯한 콤플렉스를 갖고 살게 되었다. 이 콤플렉스는 인생을 살아가는 데 있어서 때로는 유용한 에너지가 되었고 때로는 삶을 도약시키는 힘의 근원이 되기도 했다. 나의 콤플렉스를 아는 것 그래서 그 콤플렉스를 극복해서 인생을 성공으로 이끄는 것이 일생 동안의 숙제가 된 것이다.

그렇다면 콤플렉스가 왜 하늘이 준 선물이란 말인가? 콤플렉스를 잘 극복하면 남과는 다른 나만의 에너지로 승화시킬 수 있기 때문이다. 앞서 예시로 언급한, 칭찬을 싫어하는 아이의 경우를 보자. 남들 앞에 나서기 싫어하고 칭찬을 싫어하게 된 아이는 이 콤플렉스를 극복하여 보호가 필요한 유아들을 보살피는 직업을 갖게 되었다. 남 앞에 나서는 리더가 되기보다는 뒤에서 한참 보호가 필요한 유아들을 보살피며 나서기 싫어하게 된 기질을 오히려 잘 살린 것이다. 장애인의 아내가 되겠다는 여자는 실제로 커서 장애인과 결혼하고, 좋은 어머니가 되어 자식을 훌륭하게 키워낸다. 자신의 콤플렉스를 잘 극복하여 오히려 한 장애인의 아내이

자, 훌륭한 어머니가 되었고 또한 심리상담사라는 직업을 갖게 되었다. 역시 약자의 편에 서서 그들에게 도움을 주는 인생을 살면서 많은 영향력을 주는 삶을 살게 되었다.

이들에게 콤플렉스는 아버지의 잘못된 훈육에서 비롯되었지만, 잘 극복하여 오히려 남들을 도와주는 삶으로 승화시켰다. 이처럼 똑같은 콤플렉스라도 누구는 그 안에 갇혀 성장하지 못하는 반면, 누구는 그것을 극복하여 성공적인 인생을 산다. 누구에게는 콤플렉스가 열등감에 머물지만 누구는 하늘이 준 보석으로 가꾼다. 가정 환경을 탓하거나 자신에게 부족한 부분을 열등감으로만 여기고 거기에 사로잡혀 있을 것이 아니라 적극적으로 이를 극복하여 인생을 성공적으로 이끄는 것은 전적으로 자신에게 달려 있다.

인생은 마음먹기에 따라 끊임없이 변한다는 것, 어쩌면 인생은 정말 자신이 만들어가는 자신만의 '역학(易學)'을 끊임없이 써나가야 하는 것일지도 모른다.

# 너의 콤플렉스를
알라

우리는 모두 자신의 미래에 대해 막연한 불안을 가지고 있다. 특히 현대 사회는 앞으로 어떠한 변화가 있을지 점점 더 예측하기 어려워지기 때문에 불안감은 더해만 간다. 미래 예측을 하는 데 있어 가장 좋은 방법은 과거를 돌아보고 역사의 흐름을 살펴보는 것이다. 과거로부터 중요한 교훈을 얻을 수 있고 잘못된 생각이나 믿음으로부터 벗어날 수 있는 통찰력도 얻을 수 있다. 당신이 여의도 어느 빌딩 안의 사무실에 있다고 가정해보자. 건물 안에 있을 때는 본인의 정확한 위치를 알 수 없지만, 건물을 나와 바깥에서 보면 자기가 있었던 위치를 알 수 있다.

　과거 인류는 우주의 중심에 지구가 있고 태양을 비롯한 모든 천체는 약 하루에 걸쳐 지구 주위를 돈다는 프톨레마이오스의 천동설(天動說)을 믿었다. 태양이나 행성의 공전속도가 각기 달라 시기에 따라 보이는 행성이 다르다고 봤다. 우주는 딱딱한 구체이며 이것이 지구와 태양, 행성을 포함한 모든 천체를 감싸고 있다고 믿었다. 행성과 항성은 신의 보이지 않는 힘에 의해 움직이며 모든 변화는 지구와 달 사이에서만 일어나고, 더 멀리 있는 천체는 정기적인 운동을 반복할 뿐 변화는 일어나지 않는다고 여겼다. 천동설은 단순한 천문학 이론이 아니라 당시의 철학과 사상이 담겨 있었다. 지구는 우주의 중심임과 동시에 모든 세상 만물의 중심이라는 믿음이었다.

서양 역사의 중심이 되는 유럽은 중세 시대까지 절대적인 권위를 갖고 있던 기독교에 영향을 받았는데 천동설은 이런 기독교에 적합한 이론이었다. 성경의 창세기에는 신이 6일 동안 천지를 창조할 때, 최초에 빛을 만들고 궁창을 만들어 하늘이라 칭했다고 나온다. 그리고 천하의 물을 한 곳으로 모아 바다를 만들고 땅을 만든 후, 식물과 해와 달과 별과 각종 어류와 조류, 동물을 창조했다고 나온다. 하늘과 바다를 먼저 만들었다는 것은 지극히 지구 중심의 사고에서 시작한다. 신은 그렇게 지구를 먼저 창조한 후에 해와 달과 별을 창조했다고 나온다. 그러므로 지구를 중심으로 해와 달과 모든 별이 움직인다는 천동설은 기독교가 지배하던 중세까지는 거스를 수 없는 진리였다. 뿐만 아니라 당시 관측 기술로서도 천동설이 지동설보다 우위에 있었다.

지구가 우주의 중심이라는 생각은 해, 달, 별의 관측 결과를 그 틀 안에서만 해석하게 했다. 이에 반박하는 새로운 과학적 주장들은 종교 재판으로 탄압했다. 수많은 사람들이 신의 이름으로 자행되는 참혹한 고문과 처형을 당했다. 갈릴레오가 지동설을 주장했다가 종교재판에 회부되어 살기 위해 지동설을 부정하고 나와서 혼잣말로 "그래도 지구는 돈다"고 했다는 유명한 이야기는 암울했던 당시의 단면을 보여준다(이 일화는 18세기 이탈리아 작가 주세페 바레티가 자신의 작품에서 지어낸 이야기라고 한다).

빅뱅으로부터 시작된 우주의 거대한 시간을 살피며 생명체의 출현 과정과 인류의 진화를 살펴보면 우리가 어떻게 이런 본능과 특징을 갖게 되었는지 이해하게 된다. 또한 나의 가정환경과 부모에게서 받은 훈육 환경, 부모의 기질이나 형제들과의 관계 등을 곰곰이 짚어보면 나의 콤플렉스를 알게 된다. 호모사피엔스의 사피엔스(Sapiens)는 라틴어로 지혜를 뜻한다. 지혜의 인간이란 뜻이다. 내 콤플렉스를 객관적으로 바라보고 그것에 갇혀 있는 것이 아니라 극복해내는 것이 지혜의 시작이다. 잘못된 믿음이나 편견에서 벗어나 나를 둘러싼 세상을 열린 시각으로 바라보는 순간 현재를 객관적으로 바라볼 수 있고 미래에 대한 통찰을 얻을 수 있다.

소크라테스는 "자신이 무엇을 아는지를 알며, 무엇을 알지 못하는지를 아는 것이 중요하며, 무엇보다 자신이 아는 것보다 더 많이 알고 있다고 생각하는 오만함과 반대로 자신이 아는 것보다 너무 적게 안다고 생각하는 불안감에서 균형감을 갖는 것이 지혜로운 사람의 태도"라고 강조했다. 그렇다면 소크라테스의 "너 자신을 알라"는 말은 "너의 콤플렉스를 알라"는 말로 대체할 수 있다. 나의 콤플렉스를 아는 것이 나를 아는 것의 시작이며 나를 제대로 아는 것이 지혜의 시작이기 때문이다. 호모사피엔스는 수십 종의 인류 중에서 가장 지혜로운 인간으로 진화하여 오늘날까지 살아남았다. 인간의 역사는 수많은 콤플렉스를 극복하며 인류사에 족적을 남긴 위대한 인물들뿐 아니라, 수많은 사람들이 저마다의 콤플렉스를 극복한 역사로 이루어진 것이다.

# 호모 크레디시스

## 2

호모 크레디시스(Homo Credisis)는 '신용(Credit)'을 도구
로 살아가는 인간을 뜻하는 말로서 필자들이 만든 신조어다

상인이 되거든 이 말을 기억하라.
"나는 당신을 완전히 신뢰하고 있습니다. 그러니 현금으로 치러 주세요"

탈무드 격언

# 인류 최대의 발명,
돈

생명은 그 자체가 끊임없는 경쟁이다. 한정된 자원을 가지고 생존 경쟁에서 살아남아 자신의 유전자를 후세에 전하기 위해 또 치열하게 싸워야 하는 것이 생명 활동이다. 수십 종의 인류 중에서 마지막까지 살아남은 호모사피엔스는 진화를 거듭하며 또 하나의 대단한 발명을 하게 된다. 바로 돈이다. 호모사피엔스가 발명한 이 돈은 모양과 형태만 달라졌을 뿐, 오늘날까지 이르게 되었는데 가히 인류 역사상 최대의 발명이라고 할 수 있다. 전 지구 상의 모든 사람이 돈을 벌기 위해 살고 돈이 없으면 생활 자체가 불가능하기 때문이다. 어쩌면 인간은 평생을 돈을 벌기 위해 사는 것일지도 모른다.

원시 시대에는 모든 생활을 자급자족하면서 생활했다. 그러다가 농업혁명을 통해 정착생활을 하게 되었고 그로 인해 식량을 저장하기에 이르렀다. 이후 생산력이 향상되면서 남은 식량이나 물건을 서로 교환하게 되었다. 물물교환의 탄생이다. 최초 인류는 물물교환으로 서로 필요한 물건을 바꾸며 생활했다. 주된 교환 대상이 식량이어서 쌀, 보리, 밀 등의 곡식이 돈으로 쓰였다. 이를 곡화(穀貨)라고 하는데 지구 상에서 가장 광범위하게 사용되었으며 지금도 사용되는 화폐다. 소금도 화폐로 사용되었는데 곡식과 더불어 생명 유지를 위한 필수 자원이기 때문이다. 소금은 주로 고대 아시아나 아프리카에서 화폐로 쓰였고 로마 시대 군인의 급료이기도 했다. 오늘날 월급 받는 사람을 영어로 '샐러리맨'이라고 하는데 급료를 뜻하는 salary는 소금(salt)에서 나온 단어다.

고대 수메르인과 중국인은 조개를 화폐로 사용했다. 그래서 한자에는 돈과 재물을 뜻하는 글자에 '조개 패(貝)'자가 많이 들어 있다. 재화, 상품을 뜻하는 화(貨), 물건을 사고 판다는 뜻의 살 매(買), 팔 매(賣)에도 조개 패(貝)가 있을 뿐 아니라, 가격을 뜻하는 값 가(價)에도 조개 패가 있다.

화폐는 물물교환의 비효율성을 없애고 가치의 보존 수단으로서 오랜 세월을 버텨야 했고 여러 지역에서 통용되어야 했다. 내구성도 있고 간편하게 소지 가능해야 하며 무엇보다 신뢰할 만한 가치가 있어야 했다. 그러다 보니 금이나 은, 청동 같은 금속이 화폐 역할을 하다가 점차 오늘날과 같은 종이 화폐(지폐)가 탄생했다. 종이 화폐의 기원은 생각보다 오래되었다. 지금으로부터 약 4천 년 전, 오늘날 이라크 지역인 고대 바빌론 왕국에서 발견된 점토판을 보면 "이 점토판을 소지한 자는 추수 때 일정량의 보리를 받는다"는 내용이 나온다. 또 다른 점토판에는 "만기가 되면 소지자에게 일정량의 은을 준다"고 명시되어 있다. 오늘날 우리가 통용하는 화폐의 속성과 정확히 일치하는 개념이다. 오늘날 우리가 쓰는 지폐는 국가에서 그 지급을 약속하는 일종의 약속 어음과 같은 것이다. 즉, '약속'과 '신뢰'를 기반으로 통용되는 것이 오늘날 화폐의 속성인데 이는 고대에서도 마찬가지였다.

인간이 발명한 돈은 사실상 약속과 신뢰를 기반으로 한 새로운 개념의 교환 매개체다. 신용을 거래 수단으로 활용하게 된 것이 오늘날까지 이르렀다. '신용'을 뜻하는 'credit'의 어원이 "믿음을 보이다"는 의미의 라틴어 'credo'에서 유래된 것처럼 신용이란 서로에게 믿음을 보이는 것이다. 고대 메소포타미아에서 발명된 이 신용 거래가 오늘날까지 내려오며 인류의 진화 과정에서 가장 중요한 발명품이 되었다. 사실 인간이 살면서 필요로 하는 것은 돈 그 자체가 아니다. 돈은 일상 생활을 영위하기 위해 필요한 재화와 서비스로 교환하는 데 필요한 매개체일 뿐이기 때문이다.

필요한 음식과 옷, 집과 자동차, 여행이나 놀이 등으로 교환할 수 있어야 의미가 있지 그럴 수 없으면 돈이 아니다. 인류는 생존을 위해 필요한 재화와 서비스를 얻는 수단으로 돈을 발명했고 그 돈은 신용을 기반으로 한 발명품이다. 결국 호모사피엔스는 신용을 살아가는 도구로 사용한 것이다.

지혜를 도구로 살아간 인간인 호모사피엔스는 신용을 도구로 살아가는 인간인 호모 크레디시스(Homo Credisis)로 진화한 것이다.

# 신용의
# 마법

아버지가 세상을 떠나기 전 세 아들에게 유언을 남겼다. "낙타 17마리를 물려줄 테니 큰 아들은 절반을 갖고 둘째는 1/3을 갖고 막내는 1/9를 갖거라. 단, 산 채로 나눠야 하며 고기로 나눠서 갖거나 팔아서 돈으로 나누는 것은 허용치 않는다."

삼형제는 난감한 상황에 처한다. 17은 2로 나눠지지 않고 3이나 9로도 나눠지지 않기 때문이다. 아버지의 유언대로 낙타를 나누기란 불가능했다. 고민한 그들은 지혜 있는 사람을 찾아가 물었다. 그러자 지혜 있는 사람은 다음과 같은 해법을 알려준다.

"먼저 다른 사람에게 낙타 한 마리를 빌려와 18마리를 만든다.

유언대로 큰아들은 절반인 9마리를 갖고 둘째는 1/3인 6마리, 막내는 1/9인 2마리를 갖는다. 그렇게 하면 9+6+2=17마리가 된다. 1마리가 남으니 빌려온 사람에게 다시 돌려주면 된다." 삼형제는 지혜자의 조언에 탄복하고 문제를 잘 해결했다는 이야기다. 수학적으로 제대로 따지면 정확한 답은 아닐지라도 낙타 한 마리를 빌려와 어려운 문제를 시원하게 풀어내고 빌려온 낙타는 돌려주면 된다는 이 이야기는 재미있고 신기했다.

돈에 관한 재미있는 이야기가 또 있다. 어느 마을의 외상값 이야기다. 원래는 'The Tale of the $100 bill'이라는 이야기로 외국에서 유동성을 위해 통화량을 공급하고 회수하는 중앙은행의 역할을 강조하는 내용으로 아래와 같다.

— "어느 마을에 한 여행자가 와서 민박집에 방을 예약하고 예약비로 20만원의 숙박료를 지불했다. 그러자 민박집 주인은 정육점으로 달려가 외상값 20만원을 갚았다. 정육점 주인은 그 돈을 들고 세탁소로 가서 세탁비 20만원을 갚았다. 세탁소 주인은 슈퍼에 가서 식료품 외상값 20만원을 갚았다. 슈퍼 주인은 다시 그 돈을 들고 민박집으로 가서 민박집 주인에게 빌렸던 돈 20만원을 갚았다. 돈이 마을을 한 바퀴 돌고 돌아 다시 민박집 주인에게 온 것이다. 그런데 돌아온 여행객이 방이 맘에

들지 않는다고 민박을 취소하고 예약금 20만원을 돌려받고 떠났다. 결국 여행객은 그 마을에서 돈을 쓰지 않았고 따라서 아무도 돈을 번 사람이 없다. 그런데 마을의 외상값은 전부 없어졌다."

엄밀하게 말하면 마을의 외상값이 전부 없어진 것이 아니다. 정보의 불균형으로 서로에게 부채가 있다고 믿고 있을 뿐 '마을 전체'로는 애초에 부채가 없었다. 하지만 이 이야기는 그 자체로 돈이 돌고 돌아서 어떠한 마력을 보여주는지 충분히 설명해준다.

만일 그 여행객이 20만원을 민박집에서 썼다면, 민박집 주인은 20만원의 소득이 있었을 테고 그 돈이 돌고 돌면 각 경제 주체들도 소득이 늘어나고 그만큼 마을은 풍요로워질 것이다. 그런데 민박집 주인이 20만원의 매출이 아니라 20만원을 외부에서 빌려왔다면? 똑같이 그 돈이 돌고 돌아 각 경제주체들은 소득이 늘어났을 것이고 그만큼 마을은 풍요로워질 것이다(20만원의 빚을 낸 민박집 주인도 그 빚만큼 소비하여 풍요로워졌을 테니까).

이처럼 신용을 통한 빚은 경제 활동에 윤활제 역할을 하며 풍요로움을 가져다줄 수 있다. 실제로 이 신용을 통해 일으킨 빚으로 세상이 돌아가고 있는 것이 현실이다. 그렇다면 신용이란 무엇일까? 현대인들이 요즘 가장 많이 쓰는 돈이 신용카드다. 현금 대신

사용하는 것이 바로 '신용'인 것이다. 우리가 '신용'이라는 단어를 가장 많이 사용할 때는 언제일까? 은행에서 대출을 받거나 신용카드를 만들 때이다. 나의 신용을 담보로 카드도 만들고 은행에서 대출도 받는다. 자신이 운영하던 회사가 부도가 나거나 빚을 갚지 못하면 '신용불량자'가 된다. 신용불량이 되면 경제 활동을 할 수 없어진다. 그만큼 신용이란 현대인으로 살기 위한 필수 요소가 되었다.

우리가 사용하는 신용은 은행을 통해 일어나고 그렇게 발생한 돈으로 유지된다. 중세 유럽의 금 세공업자들은 큰 금고를 지어 경비까지 세우면서 금을 지켰다. 마을 사람들도 자신의 금을 스스로 보관하기가 점차 버거워지자 금 세공업자들에게 약간의 사례를 하고 금을 금고에 보관해달라고 요청했다. 금을 맡았다는 증거로 금 세공업자들은 고객들에게 증명서를 써주었다. 사람들은 이 증명서 자체가 금을 대신하는 아주 가볍고 편리한 거래의 수단이 됨을 알았다. 어차피 증명서만 있으면 언제든지 금을 찾을 수 있으니 이 증명서로 물건도 사고 팔게 되고 계약도 맺을 수 있게 된 것이다. 그런데 실제 찾아와서 금을 전부 찾아가는 사람은 거의 없다는 사실을 알게 된 금 세공업자들은 실제 자신이 맡고 있는 금보다 더 많이 증명서를 발행해서 집도 사고 땅도 사면서 부를 축적하기 시작했다. 금을 맡긴 사람들은 금 세공업자들이 갑자기부를 축적하는 것을 보고 혹시 그들이 자신의 금을 몰래 팔아서 돈을 번 게 아닌가 의심했다. 이들은 금 세공업자를 찾아가 금고를 열어서 금이 실제로 있는지 확인시켜줄 것을 요구했다. 그러자 금 세공업자는 이들이 당장 모든 금을 찾아가지 않도록 하기 위해서 금을 맡긴 소정의 대가를 지불하기 시작했다. 이것이 바로 예금 이자의 기원이다.

금 세공업자들은 자신이 실제 가진 금의 양보다도 몇 배의 증명서를 발행하면서 부자가 되었고 이런 상술은 상류층의 용인 속에서 점차 합법적으로 굳어졌다. 돈이 필요했던 귀족이나 왕족들도 금 세공업자를 공격하는 대신 금전적인 편의를 제공받고 이를 묵과하는 방향으로 법을 만들고 제도도 정비했기 때문이다. 이것이 바로 오늘날 은행들이 고객 예금액을 1/10만 비축해두고 대출할 수 있게 하는 역사적 근거가 되었다. 호모사피엔스는 이렇게 돈과 신용을 발명하여 오늘에 이르렀다. 돈과 신용은 인류가 지금까지 지속적으로 성장하고 발전할 수 있었던 원동력이다.

요즘은 중앙 은행이 화폐를 발행하여 일반 은행에 빌려준다. 은행은 자금을 필요로 하는 기업들에게 이자를 받는 조건으로 빌려준다. 기업은 이렇게 돈을 빌려 직원들의 월급을 주거나 사업에 필요한 장비를 구입하거나 부지를 매입하기도 하고 공장을 짓기도 한다. 이렇게 사용된 돈은 다시 은행으로 들어간다. 은행은 이를 다시 다른 기업이나 개인에게 대출을 해준다. 이러한 과정이 반복되면서 숫자상으로 존재하는 돈의 양이 급격히 늘어난다. 이론적으로 10배까지 늘어날 수 있다. 이를 신용화폐라고 한다. 은행은 대출을 많이 하면 할수록 이자 수입이 늘어난다. 시중에 늘어난 돈은 다양한 기업의 사업 자금으로 사용되고 개인의 생활 비용으로 사용되면서 점차 경제 규모가 늘게 된다. 이것이 우리가 말하는 '경제 성장'이다.

중앙은행은 기준 이자율을 통해 전체 돈의 양을 조절한다. 이자율이 높아지면 돈은 은행으로 더 들어오고 낮아지면 시중에 더 풀리는 식이다. 은행은 돈을 빌려줄수록 더 많은 수익을 내기 때문에 기업과 개인에게 계속 빚을 권한다. 이러한 은행의 수익 창출과 더 많은 투자를 통해 성장해야 하는 기업과 개인의 욕구가 맞물리면서 경제 성장이 이루어진다. 앞서 얘기한 민박집 주인이 20만원의 빚을 내서 마을에서 돌리면 그 돈이 돌고 돌아 마을 전체의 소득이 늘면서 풍요로워지는 원리와 같다.

마찬가지로 기업(또는 다양한 경제 주체)들이 외부로부터 빚을 조달하여 다양한 사업이나 경제활동을 통해 새로운 가치를 창출하고 그렇게 얻어진 수익으로 빚도 갚고 이자도 갚고 다시 새로운 투자 자본으로 사용하면 경제는 별 문제없이 경제는 풍요로워지고 성장한다. 하지만 근본적인 문제는 이러한 경제 성장의 과정에서 시중에 돈의 양이 많아지면서 시간이 갈수록 돈의 가치가 점점 떨어지는 데 있다.

# 15원짜리
## 짜장면

서민들의 대표적인 음식인 짜장면은 1960년에는 겨우 15원이었다. 10년이 흐른 1970년에는 약 13배 넘게 올라서 200원이 되었다. 그로부터 10년이 지난 1980년에는 4배나 올라 800원, 1990년에는 약 2배가 되어 1500원이 되었고 2000년에는 3000원으로 또 2배가 되었다. 현재는 5~6천원이 되었으니 꾸준히 오르고 있다. 동일한 짜장면 가격이 시간이 갈수록 오르는 것은 바로 경제 성장에 따라 돈의 가치가 떨어지고 있기 때문이다. 다른 말로는 물가가 오른다고 표현하기도 한다. 열심히 일을 해서 돈을 모아도 실물 가치의 상승을 따라갈 수가 없는 이유가 이것이다. 따라서 돈을 현금으로 모아두기만 하면 시간이 흐를수록 손해다.

특히 과열된 경제 성장으로 인해 시중에 돈이 급격하게 풀리면 실물 대비 돈의 가치가 급격히 떨어진다. 이를 '인플레이션'이라 한다. 급격한 인플레이션이 생기면 누구도 돈의 가치를 믿지 않게 되고 결국 가치를 갖지 못하는 휴지 조각이 되고 만다. 아프리카 짐바브웨에서는 계란 한 개를 사기 위해 수조 달러의 지폐 한 다발을 갖고 가야 하는데, 마트에 들어가서 계란을 들고 계산대에 가는 동안 가격이 계속 오른다는 웃지 못할 소리가 있을 정도다. 신용이 하락하여 돈의 가치가 휴지조각이 된 상황. 사실상 경제가 붕괴한 것이나 마찬가지다.

이렇게 경제가 붕괴하여 신용이 멈추면 걷잡을 수 없는 연쇄 반응이 일어난다. 사람들은 더 이상 소비하지 않고 기업은 도산 하게 되며 많은 사람들이 직업을 잃고 거리로 나앉게 된다. 결국 경제 성장이 멈추어버리는 대공황이 발생한다. 일반적으로 정부 가 인플레이션을 가장 두려워하는 이유이기도 하다. 경제가 침체 되었을 때는 시중에 돈을 풀어 인위적으로 부양시키기도 하지만 반대로 경기가 과열되고 물가가 급격히 오르면서 인플레이션이 발생할 수 있기 때문에 경기를 식힐 적절한 타이밍을 놓고 늘 고 민한다.

개인의 입장에서 은행 대출과 빚이 미래의 새로운 수입을 만들 어내는 건전한 투자 수단이 된다면 바람직하겠지만 사실상 대부분의 경우 미래 소득을 끌어와서 지금 소비해버리는 데 그친다. 이러한 빚은 시간이 흐를수록 늘 수밖에 없다. 2016년 대한민국 가계 부채는 1200조를 넘어섰다. 소비를 통해 성장하는 자본주의 시스템은 사람들의 본능과 욕망을 자극하여 당장 필요하지 않은 것까지 빚을 내서 사게 만든다. 그렇게 구입한 물품들은 그것을 유지하기 위해 더 다른 지출을 일으키게 된다. 욕망이 또 다른 욕망을 일으키며 어제의 사치품이 오늘의 필수품이 되고 있다. 이런 욕망을 주체하지 못하면 시간이 갈수록 늘어나는 빚을 감당하기 위해 또 다른 신용카드를 만들고 결국 카드 돌려막기를 거듭하다가 파산에 이르기도 한다.

은행 대출이 새로운 사업의 마중물이 되어 또 다른 부가가치를 만들어내는 수단이 되면 큰 문제가 없지만, 잘못된 욕심과 맞물리면 변형되고 왜곡되기 시작한다. 2008년 미국에서 시작된 글로벌 금융 위기는 전세계에 큰 충격을 가져다주었다. 은행은 빚을 갚을 능력이 없는 사람들에게까지 별다른 검증 절차 없이 높은 이자로 대출을 해주고 주택을 구입하게 했다. 부동산 가격이 계속 오를 것이라는 기대 심리를 이용한 것이다. 이처럼 위험성 높은 대출 상품을 바탕으로 금융 회사들은 또 다른 수익률이 높은 파생 금융 상품들을 만들어 판매했다. 결국 사람들이 무리한 대출 이자와 원금을 갚을 수 없게 되자 주택 가격은 반 토막이 되고 파생 금융 상품은 휴지 조각이 되었다. 이를 판매하던 금융 회사들은 부도를 맞았다. 수많은 사람들이 집을 압류당해 거리로 쫓겨났다. 신용이 증발하자 금융 시스템이 붕괴된 것이다. 이러한 피해는 성실하게 회사를 다니면서 꼬박꼬박 세금을 냈던 중산층의 몫이었다. 경제를 다시 살려야 한다는 이유로 미국 정부는 국민들의 세금으로 부실화된 기업들을 구제한 것이다. 분노한 미국의 중산층은 2011년 9월 뉴욕 월스트리트에 집결하여 Occupy Wall Street라는 이름으로 금융 자본주의의 폐해와 부의 불평등에 항의했다. 미국발 금융 위기는 전세계의 신용 경색을 불러일으켰고 글로벌 경제를 휘청거리게 만들고 말았다.

# 자본주의는
# 진화 중

고대에 이미 자본주의적인 조직이 존재했고 중세 말에는 상업 자
본이 발달하기도 했지만, 현대 자본주의 경제 체제의 기틀은 16세
기부터 19세기까지 영국에서 형성되었다. 서양 대부분의 국가에
서 봉건 제도가 종식되면서 자본주의가 사회 체제로 자리 잡았다.
20세기에 들어 전세계적으로 산업화가 일어났고 자본주의가 세
계 경제를 지배해 나갔다. 자본주의는 각국의 정치, 경제, 문화,
사회적 상황에 따라 다양한 방식으로 수정되고 발전해왔으며 사
회주의와 혼합 경제를 이루기도 했다.

자본주의 이론을 처음 정립한 사람은 아담 스미스다. 그는
1776년 '보이지 않는 손'이라는 개념을 통해 자유 시장의 긍정적

인 역할을 소개했다. 사실 그의 저서 〈국부론〉에 '보이지 않는 손'이라는 표현은 딱 한 번 나온다. 각자의 욕망이 보이지 않는 손에 의해 수요와 공급의 형태로 조율되면서 경제가 성장한다는 이론이었다. 당시만 해도 토지를 기반으로 하는 농업이 경제의 근본이라는 중농주의와 신대륙 발견과 함께 무역을 중시하는 중상주의가 대세였다. 하지만 자본주의 경제에 대한 그의 탁월한 통찰은 많은 사람들의 공감과 믿음을 불러 일으켰고 자본주의가 성장할 수 있는 이론적 기반을 마련해주었다. 그러나 산업 혁명을 바탕으로 자본을 장악한 자본가 계급에 의해 예상치 못했던 부작용들이 나타나기 시작했다. 도시 빈민 계층은 고된 노동에 시달려야 했고 탐욕으로 인한 잘못된 사업 투자로 수많은 피해자들이 속출했다. 사실 아담 스미스는 새롭게 창출된 부가 다시 건전한 투자에 사용된다는 것을 전제로 자본주의의 이론을 펼쳤는데, 현실은 사람들의 지나친 욕심으로 인해 여러 형태의 부작용이 나타나게 된 것이다.

이런 문제점을 간파하고 극복 방안을 처음 제안한 사람은 마르크스와 엥겔스였다. 이들은 엄청난 자본과 힘을 가진 자본가 계급을 이길 수 있는 방법은 폭력적인 혁명밖에 없다고 주장했다. 특히 마르크스는 아담 스미스의 이론을 뛰어넘기 위해 그의 저서를 수 차례 탐독했고 공부했다. 혁명을 통해 평등한 세상을 만드는 것이 이상적인 경제 시스템이라고 주장한 이들의 이론은 결국 공산주의를 탄생시켰다.

자본주의의 부작용을 해결하기 위해 급진적인 공산주의 말고도 또 다른 이론이 탄생하기도 했다. 영국의 경제학자였던 케인즈는 1936년대에 〈고용, 이자 및 화폐의 일반 이론〉을 통해 국가 재정 정책의 필요성을 주장했다. 모든 사람에게 일자리를 주는 완전 고용을 실현하고 이를 유지하려면 적절한 소비와 투자를 일으키기 위한 정부의 공공 지출이 필요하다는 주장이다. 2차 세계 대전이 끝나고 전후의 피폐된 사회를 새로 재건하는 과정에서 케인즈의 이론은 서구 사회의 주요 정책으로 채택되었다. 이 이론은 개인-기업-시장-국가 간의 전체적인 관계에 기반한 거시 경제의 탄생이 되었다.

하지만 1980년대가 되면서 케인즈가 주장한 정부 주도의 경제 정책이 더는 작동하지 않고 인플레이션과 불황이 동시에 나타나는 기이한 현상이 발생했다. 바로 스태그플레이션이었다. 노벨상 수상자였던 하이에크는 이런 자본주의의 경기 침체의 문제가 과도한 정부의 간섭과 계획 경제에 있음을 지적했고 자유로운 시장 경제 체제를 옹호했다. 이것이 오늘날 신자유주의의 이론적 기반이다. 이를 발전시켜 밀턴 프리드먼을 중심으로 한 미국의 시카고 학파는 정부의 경제 간섭을 최소로 하는 신자유주의 경제학의 중심이 되었다.

신자유주의는 세계화의 바람을 타고 국가 간의 자유로운 무역을 장려하는 FTA(Free Trade Agreement, 자유 무역 협정)를 탄생시켰다. FTA를 통해 국가 간에 더 밀접한 결속력과 상호 영향을 갖게 되었다. 자유 무역을 통해 경제 파이가 더 커진 것은 사실이지만 경쟁력 있는 산업을 갖지 못한 국가들은 더욱 불리한 입장에 처했다. 또한 국가 간 상호 의존도가 높아지면서 세계 경제의 주도권을 쥔 미국의 환율 정책 및 이자율 변경에 따라 다른 나라의 경제도 직접적인 영향을 받았다. 재화나 일자리는 국가 간 경계를 넘나드는 데 한계가 있지만 금융 자본은 자유롭게 이동할 수 있다. 그러다 보니 이자율이나 환율 차이를 이용해 단기 차익을 노리는 투기 자본이 한 나라의 경제를 뒤흔들기도 하고 멀쩡한 기업을 송두리째 삼켜버리기도 한다. 쑹훙빙은 저서 〈화폐전쟁〉을 통해 이러한 세계 금융 자본의 탐욕과 위험성을 경고하고 있다. 금융 자본이 한 나라의 경제를 좌우하는 것은 물론, 필요에 따라 전쟁을 일으키기도 하고 심지어 정책에 반대하는 인물들을 제거하기도 한다는 주장이다.

그러자 신자유주의의 폐해를 보완하기 위해 다시 정부의 간섭과 통제가 필요하다는 케인스의 이론이 재조명 받고 있다. 마치 옛날 패션이 복고 열풍으로 다시 부활하는 것처럼, 낡은 이론으로 폐기된 이론이 다시 떠오르는 것이다. 패션이 돌고 돌듯이 경제 이론도 돌고 돈다. 그러나 문제는 이런 역할을 해야 할 정부도 점점 자본주의에 종속되고 있다는 것이다. 과연 정부가 제대로 역할을 할 수 있는지에 대해 여전히 학자들의 논란이 진행 중이다. 자본주의도 인류의 진화처럼 수많은 고통과 극복을 겪으며 여전히 진화의 과정 중에 있다.

# 태양의
아들

세계사의 큰 흐름을 보면, 안타깝지만 역사에 정의 따위는 없는 듯하다. 그저 승자들이 일방적으로 기록한 내용이 역사적 사실로 자리잡을 뿐 패자는 잊혀진다. 강한 자가 살아남는 것이 아니라 살아남은 것이 강하다는 말처럼, 역사에서는 정의가 살아남는 것이 아니라 '살아남은 것이 곧 정의'가 된다. 스페인 정복자 에르난 코르테스는 아즈텍 문명을 멸망시켰고 피사로는 잉카 제국을 파멸시켰다. 서구 문명을 받아들인 일본 제국주의는 조선을 강제로 합병시켰고 서구 열강은 제멋대로 아프리카 대륙을 나누어 분할 통치했다.

다른 문명을 정복한 정복자의 힘은 '거대한 협력'에서 나왔다.

그러한 협력은 추상적인 것을 믿고 공유하게 하는 능력에 있었다. 많은 사람들이 어떠한 믿음과 신념을 가지고 협력을 이루는지가 매우 중요했다. 가령 독일 민족이 우수해서 세계를 정복해야 한다는 히틀러의 믿음을 추종한 수많은 독일 국민들은 진짜로 세계를 상대로 참혹한 전쟁을 일으켰다. 비단 2차 대전뿐이랴. 이런 신념을 제공하는 가장 강력한 수단은 종교였다. 인류의 역사에서 발생한 수많은 전쟁 중에는 '종교전쟁'이 자리하고 있다. 오늘날 세계의 화약고라 불리는 중동 문제도, 세계 곳곳에서 벌어지는 테러들도 대부분 종교가 그 바탕에 깔려 있다. 이처럼 믿음과 신념은 우리 인류의 역사를 끌어온 중요한 원동력이기도 하다.

공산주의와 자본주의, 민주주의와 사회주의 등의 이념 전쟁도 결국 같은 맥락으로, 모두 '믿음과 신념'에서 비롯되었다. 그런 면에서 오늘날 세상을 지배하는 인본주의나 자본주의도 또 다른 형태의 믿음과 신념, 다시 말해 '종교'로 이해할 수 있다. 인본주의는 사람의 가치를 가장 중요하게 여기며 개인의 감정과 자유 의지를 소중히 생각하는 '믿음'이다. 자본주의는 개인의 사적 소유와 이익을 가장 중요한 것으로 여기는 '신념'이다.

많은 사람들이 믿고 따르는 데에서 엄청난 힘이 생겨난다. 인간의 힘은 이런 믿음과 신념에서 비롯된다. 인간이 무엇을 믿고 따르는지에 따라 힘의 방향이 달라졌고 그 방향에 따라 역사도 쓰였다. 고대에는 태양(또는 하늘)을 신으로 믿었고 왕이나 통치자를 태양의 아들, 신의 아들(天子)이라고 믿었다. 왕이나 통치자를 신처럼 믿었기에 왕명은 곧 하늘의 말, 신의 말이었고 그 힘은 절대적이었다. 왕의 말 한마디 한마디를 그대로 믿고 따랐다. 이런 믿음과 신념은 불과 백 년 전까지도 지속되었다. 하지만 오늘날 왕이나 통치자가 하늘의 아들이나 신의 아들이라고 믿는 사람은 거의 없다. 안타깝게도 우리와 같은 민족인 북한은 아직도 김일성을 민족의 태양이라며 신처럼 떠받들고 우상으로 섬기지만, 북한 주민들 중 그들이 어릴 때부터 배워온 대로 김일성이 낙엽으로 압록강을 건너고 솔방울로 수류탄을 만들었다는 것을 믿는 사람이 과연 얼마나 될까?

우리 인간은 시대에 따라 '믿음과 신념'의 대상을 바꾸어왔다. 그 믿음과 신념이 만들어낸 것이 인류의 역사가 되었다. 유발 하라리는 〈호모 데우스〉에서 신과 같은 능력을 갖춘 신인류가 만들어 낼 미래상을 제시한다. 2100년에는 생명 공학과 인공지능의 눈부신 발전으로 인해 새로운 인류는 신과 같은 능력을 갖게 될 것이라고 한다. 신과 같은 존재가 되려고 하는 인간, 이제 인간은 어쩌면 다시 '인간 스스로'를 진짜로 태양의 아들, 천자(天子)로 믿고 따르게 될지도 모른다.

어떤 미래가 올 것인지에 대한 생각, 다시 말해 미래는 또 어떤 믿음과 신념으로 살게 될지는 우리에게 매우 중요하다. 다가올 미래가 바로 눈 앞에 와 있기 때문이다. 미래에는 과연 어떤 믿음과 신념으로 살게 될지 살펴보려면 현재 우리가 믿고 따르는 신념이 어떻게 바뀌고 있는지 짚고 넘어가야 한다. 인간은 태초부터 지금까지 끊임없이 변화하는 우주의 한 부분으로 그 변화에 함께 진화해가는 존재이기 때문이다. 언어 소통을 강력한 무기로 지닌 호모 사피엔스는 농업혁명을 통해 긴 유년기를 얻었고 그로 인해 믿음과 신념이라는 강력한 협력체계를 만들어 변화해왔다. 지금 우리 호모사피엔스가 믿고 따르는 믿음과 신념은 '자본주의' 다. 유발 하라리는 자본주의야말로 현시대 대부분의 인류가 믿고 따르는 종교라고 주장했다. 우리는 모두 자본주의라는 '강력한 종교' 의 신도인 셈이다. 자신도 모르게 믿고 따르게 만드는 것, 종교인지도 모르게 우리를 지배하고 있는 진짜 강력한 종교다.

자본주의
국교

— "자본주의의 고질적인 폐해는 풍요의 불평등한 분배이고, 사회주
　의의 태생적 미덕은 가난의 평등한 분배이다."

　윈스턴 처칠

대한민국도 자본주의를 '믿음과 신념'으로 채택한 나라다. 쉽게
말해 자본주의를 '국교'로 채택한 나라다. 자본주의를 국교로 채
택한 대한민국의 현주소를 객관적으로 점검하고 어떤 식으로 돌
아가고 있는지 살펴보자. 2016년 현재 대한민국의 1인당 명목
GDP(Gross Domestic Product)는 2만 7천불로 세계 28위다. 1960년
100불 수준이었던 것에 비하면 56년 만에 무려 270배의 경제 성

장을 일구어냈다. GDP란 '국내총생산'으로 일정 기간 국가 경제 내에서 생산된 최종재의 시장 가치를 의미하며 각 나라의 경제력을 대표하는 지표다. 그러나 GDP가 개개인의 행복이나 만족도를 대표하지는 못한다. 대한민국 국민의 행복지수는 4.2점으로 34개국 중 32위로 최하위권이다. 연평균 근무시간은 세계 1위이고, 국민의 20%가 자살 충동을 느끼고 있으며, 불행하게도 청소년 자살률은 OECD국가 중 1위이다. 인생의 가장 중요한 가치가 무엇인지 묻는 설문 조사에서 첫 번째로 '돈'이라고 답하며 꿈이 '건물주'라고 말하는 청소년들이 늘고 있다.

역설적으로 갑작스런 경제 발전이 이제는 불행의 씨앗이 되었으며 미래 세대를 더욱 불안하게 만들고 있다. 앞으로 더 행복해지리라는 희망이 철저하게 무너진 것이 대한민국의 현실이다.

우리는 막연하게 정치에 희망을 가져본다. 정치인들을 제대로 뽑고 구태 정치를 바꾸면 더 좋은 세상이 올 거라고 믿는다. 그래서일까, 정치인들은 너나 할 거 없이 자신이 정치를 개혁하겠다고 외친다. 정치 개혁도 중요하지만 문제의 본질은 다른 데 있다. 우리가 사는 세상은 자본주의 방식으로 굴러가고 있으며 정치도 결국 자본주의에 종속되어 있다. 정치뿐 아니라 종교까지도 자본주의에 종속되어 있다. 오늘날 수많은 종교인들이 일으키는 돈 문제, 세습문제, 교회(또는 사찰) 간의 이권 다툼 등은 이들 종교가 모두 자본주의라는 거대하고 강력한 종교에 종속되어 있음을 보여준다.

이는 중세 대부분의 권력이 교황에게 있었던 것과 비슷하다. 정부도 결국 경제 성장과 일자리를 많이 만들어야 국민의 선택을 받고 정권을 유지할 수 있다. 그런데 누구도 자본주의라는 종교의 교리를 제대로 배우려 하지 않는다. 종교를 가지고 있는 사람들은 그 종교의 교리를 끊임없이 공부한다. 교회도 매주 성경과 교리를 가르친다. 교리를 공부하고 끊임없이 무장하는 것이다. 그런데 정작 우리는 더 강력한 종교인 자본주의는 공부하려 하지 않는다. 자본주의가 종교라고 생각하지 않기 때문이다. 열심히 일해도 삶은 왜 더 팍팍해지는지, 갑작스런 경제 불황이나 금융 위기는 왜 생기는지, 부자는 왜 더 부자가 되는지, 불안한 미래를 위해 무엇을 진짜로 준비해야 하는지 공부해야 한다.

우리나라 부모들은 대부분 자식에게 공부를 열심히 하고 노력해서 좋은 회사에 취직하거나 의사, 변호사 등의 전문직이 되라고 가르친다. 아니면 공무원이 되는 것이 최고라고 가르친다.

교리란 신자들의 질문에서 시작했다. 신자들이 자꾸 궁금한 것을 계속 질문하다 보니 그에 답하기 위해 교리가 생긴 것이다. 그렇다면 자본주의 종교를 믿고 있는 우리는 지금부터라도 궁금한 것에 대해 질문을 던져야 한다.

자본주의의 사전적 정의는 개인의 사적 소유권을 인정하는 것으로 자본가나 기업가들이 이익 추구를 위해 다양한 생산 활동(범죄를 제외한다면)을 보장하는 경제 체제다. 한마디로 개인이나 기업이 열심히 일해서 새로운 가치를 만들어내면 그에 대한 결과를 각자 가져갈 수 있도록 보장하는 제도인 것이다. 물론 학교에서 자본주의가 운영되는 기본 원리를 가르치기는 하지만 그것을 바탕으로 개인이 실제로 무엇을 알아야 하고 어떤 준비를 해야 하는지는 자세히 알려주지 않는다. 20세기 교육의 목적은 국가 재정을 확보하기 위해 국민들을 교육하여 직업을 갖게 하고 전쟁에 대비하여 훈련된 군인을 만들기 위함이었다. 지금의 교육 방식이나 철학도 20세기와 크게 다르지 않다. 자본과 권력을 가진 이들은 일반 국민들이 그저 평균 수준의 교육을 받은 후 직업을 갖고 열심히 일해 돈을 벌고 그 돈으로 세금도 내고 다시 소비하기를 원한다.

자본주의는 기본적으로 더 잘살고 싶은 개인의 욕망을 그대로 제도화한 것이다. 이러한 욕망들의 중심에 돈이 있다. 우리는 돈이란 열심히 일한 대가로 받는 것이라고 생각한다. 돈으로 생활에 필요한 것들을 구입하고 남은 돈은 미래를 위해 은행에 맡기고, 은행은 그 돈으로 다시 돈이 필요한 기업이나 사람에게 빌려주고 이자를 받는 곳이라고 알고 있다. 또한 돈은 정부에서 찍어낸다. 앞서 얘기했듯이 돈은 결국 인간이 발명해낸, 보이지 않는 믿음이고 신용이다. 결국 돈이란 국가에서 국민의 신용을 담보로 찍어내는 것이다. 국민이 없다면 돈을 찍어낼 수도 없고 찍어낼 필요도 없다.

회사는 직원들에게 노동의 대가로 급여를 지불한다. 수많은 사람들이 함께 일하고 다양한 재화와 서비스를 제공하는 것도 돈이라는 수단이 있기 때문에 가능하다. 오늘 회사에서 받은 돈이 내일부터 아무런 가치를 갖지 못할 것이라는 불신이 있다면 이 돈은 제대로 작동하지 않는다. 또는 아무리 열심히 일해도 돈을 받을 수 없을 거라는 생각이 들면 사람들은 일하지도 않을 것이다. 바로 믿음을 기반으로 한 돈이라는 매개체로 우리는 생명을 유지하며 살아가고 있다.

# 현대판
# 노예

영화 '글래디에이터'는 로마 시대 검투사들의 이야기를 다뤘다. 실제로 로마 시민들은 목숨을 걸고 싸우는 검투사들의 잔혹한 경기에 열광했다. 당시 검투사들은 오늘날의 스타같이 대중에게 큰 인기를 받았다고 한다. 사람을 잔혹하게 죽이는 것에 열광하다니 인간이 그토록 잔인하고 미개했나 싶다. 왜 정치, 문화, 예술 수준이 높았던 로마는 이토록 잔인한 경기를 즐기게 되었을까?

공화정으로 시작했던 로마는 해외 정복 전쟁을 통해 제국으로 발전하였고 정복한 나라에서 잡아온 노예들이 대거 유입되었다. 전쟁으로 얻게 된 막대한 전리품과 부는 소수의 귀족층에게 집중되었고 노동은 잡혀온 노예들의 몫이었다. 노예들은 로마 중산층의 일자리를 점점 잠식해 나갔다. 일자리를 노예에게 빼앗긴 중산층의 폭동을 우려한 로마 정권은 일자리를 잃은 중산층에게 기본적인 먹거리를 제공했다. 오늘날 국가에서 지원하는 기초생활비 지원의 시초와 같은 것이다. 국가에서 기본 먹거리를 지원받으며 생활하게 된 몰락한 중산층은 콜로세움에서 벌어지는 검투사들의 경기를 구경하며 무료함을 달랬고 무료로 대중 목욕탕을 이용하며 시간을 보냈다. 대중은 점점 더 자극적인 경기를 원했고 그렇게 몰락한 중산층은 로마 패망의 한 원인이 되었다.

지난 300년 동안, 자본주의는 몇 차례의 산업혁명을 통해 비약적으로 발전해왔다. 1차 산업혁명은 18세기 중반 영국에서 시작된 증기기관으로 시작되었는데 이때 인쇄술이 발달하면서 커뮤니케이션에 혁신을 가져왔다. 이로 인해 봉건제도가 붕괴되고 본격적으로 자본주의가 시작되었다. 이후 19세기 말에 발명된 전기와 전화, 자동차가 2차 산업혁명을 일으키며 20세기 세계 경제를 지배했다.

3차 산업혁명은 20세기 컴퓨터와 인터넷의 발명을 일컫는다. 이러한 3차 산업혁명을 통해 글로벌 경제체제가 확립되었다. 그리고 이제는 4차 산업혁명이 커다란 화두가 되고 있다. 4차 산업혁명은 모든 기기들과 사람을 연결하는 사물 인터넷의 활성화를 포함하여 인공지능, 나노기술, 로봇공학, 3D 프린팅, 자율주행자동차 등 다양한 분야에서 획기적인 기술 혁신이 이루어지는 것을 일컫는다. 한마디로 '지능 정보 기술의 혁명'인데 특히 인공지능과 관련된 산업이 4차 산업혁명을 주도할 것으로 보고 있다.

4차 산업혁명으로 가장 우려되는 것은 수많은 일자리가 사라질 것이라는 점이다. 인공지능과 이를 탑재한 로봇이 인간의 일자리를 대거 대체할 것으로 예상된다. 2016년 1월, 4차 산업혁명을 주제로 열린 제46차 세계 경제 다보스포럼에서는 인공지능, 로봇공학, 사물인터넷, 자율주행자동차, 3D프린팅, 바이오기술 등으로 2020년까지 전 세계에서 510만개의 일자리가 사라질 것으로 전망했다. 제러미 리프킨이 극적으로 표현했던 '노동의 종말'이 가시화되고 있다. 노동의 종말은 어떤 면에서 현대 자본주의의 종말을 의미한다. 자본주의는 그 동안 새로운 기술과 대중들이 직업을 통해 얻는 소득을 기반으로 성장해왔기 때문이다. 여러 차례의 산업혁명을 통해 다양한 기술과 일자리가 만들어졌고 대중들은 그런 일자리 덕분에 소득을 얻어 경제 성장이 가능했다. 그런 일자리들이 있었기에 다들 지방에서 상경하여 공장노동자로, 기술자로, 사무직으로 취직할 수 있었다. 그런데 직업이 사라져서 사람들이 일자리를 잃고 더 이상 소득을 얻지 못하면 빈곤층으로 전락하게 된다. 사람들의 일자리와 소득으로 유지되는 자본주의는 종말을 맞게 된다.

인공지능이라는 새로운 기술의 등장으로 인해 직업이 소득과 분리되는 시대를 맞고 있다. 로봇에게는 '직업'은 있지만 '소득'은 없기 때문이다. 로봇에게 임금을 주지는 않을 테니 말이다. 하지만 인공지능과 로봇으로 인해 일자리를 잃은 사람들은 생계 유지를 위해 정부로부터 최저 생계비를 지급받게 될 것이므로 반대로 직업 없는 소득은 발생하게 된다.

중산층의 일자리를 로봇에게 맡겨 버리고 중산층의 소득을 빼앗은 소수의 자본가들이 부를 독점하는 시대, 앞서 글래디에이터가 활약하던 로마 시대와 오버랩되지 않는가? 인공지능 로봇은 현대판 노예인 셈이다. 그것도 아주 똑똑하고 무슨 일이든 척척 해내는 노예. 호모사피엔스가 만들어낸 가장 혁신적인 도구, 돈과 신용을 기반으로 한 '자본주의'는 그들 스스로 만들어낸 또 하나의 혁신적인 도구인 인공지능에 의해 '창조적 파괴'를 당할 수도 있다. 따라서 우리는 우리 삶을 송두리째 바꿀 수 있는 인공지능은 과연 무엇인지 그리고 그것이 세상을 어떻게 바꿀 것인지 면밀히 살펴보아야만 한다.

# 호모 에이아이시스

## 3

호모 에이아이시스(Homo AIsis)는 '인공지능(AI, Artificial Intelligence)을 도구로 살아가는 인간'이라는 의미로 필자들이 만든 신조어 미래는 이미 와 있다. 단지 널리 퍼져 있지 않을 뿐이다.

월리엄 깁슨

## 알파고
## 효과

2016년 3월, 이세돌 9단에 압승을 거둔 구글 딥마인드의 인공지능 알파고로 인해 세상은 발칵 뒤집혔다. 세기의 대결을 앞두고 전문가들뿐만 아니라 이세돌 본인도 알파고를 상대로 여유 있게 이길 것으로 예상했기 때문이다. 바둑은 경우의 수가 무려 $10^{170}$ 이나 되고 이는 우주에 존재하는 원자의 숫자보다 많다고 한다. 아무리 계산 능력이 탁월한 인공지능일지라도 정해진 경기 시간 안에 모든 경우의 수를 전부 다 계산할 수 없으므로 결국 사람의 직관과 경험을 뛰어넘지 못할 것으로 예상되었다.

이세돌 9단의 압승을 예상했던 또 다른 이유도 있었다. 알파고는 2015년 유럽 챔피언 판 후이와의 사전 경기에서 5:0으로 압승을 거두었지만, 알파고가 잘했다기보다는 판 후이의 실력이 그다지 뛰어나지 않았기 때문이라는 것이 바둑계의 일반적인 평가였다. 알파고는 기껏해야 프로 5단 정도의 수준으로만 평가되었으므로 프로 9단인 이세돌에게는 아직 역부족일 거라고 예상한 것이다. 이세돌 9단과의 경기를 지켜보며 전문가들이 정말 놀랐던 이유는 알파고가 딱 이길 정도의 실력만 발휘한다는 점이었다. 즉, 약한 상대를 만나면 적당히 대응하고 강한 상대를 만나면 더욱 강하게 대응하는 방식이었다. 다시 말해 바둑 3단을 만나면 3단 수준으로 이겨주고 5단을 만나면 5단 수준에 맞춰 이겨주는 식이었다.

첫 대국에서는 이세돌 9단이 변칙적인 수를 놓으며 흔들기 작전에 들어갔지만 알파고는 실수 없이 이를 맞받아쳤다. 결국 알파고의 노련한 경기 대응에 당황한 이세돌 9단은 스스로 무너지고 말았다. 두 번째 그리고 세 번째 대국부터는 절치부심한 이세돌 9단이 본인의 기풍으로 침착하게 경기를 풀어나갔지만 예상을 뛰어넘는 알파고의 묘수에 결국 돌을 던질 수밖에 없었다. 비록 이세돌 9단이 네 번째 대국에서는 값진 1승을 거두었지만 결국 알파고는 5전 4승 1패로 일방적인 승리를 거두었다. 원래 구글 딥마인드는 이세돌 9단과의 경기를 앞두고 승률을 50% 정도로 조심스럽게 예측했는데, 그들이 겸손해서 그런 것이 아니었다. 알파고는 스스로 학습이 가능한 인공지능이었기 때문에 개발사인 딥마인드조차도 알파고의 진짜 실력을 정확히 판단할 수 없었기 때문이다. 사실 이세돌 9단과의 경기 목적은 알파고의 수준을 객관적으로 파악하고 혹시 있을지 모르는 버그를 찾아내어 이를 보완하기 위해서였다. 결과적으로 이세돌 9단과의 경기 이후 더욱 강력해진 알파고는 2017년 3월 세계 랭킹 1위 커제를 3전 전승으로 가볍게 이겼다. 이로 인해 많은 사람들이 인공지능의 갑작스런 발전을 지켜보며 두려움에 사로잡히기도 했다.

영화 '매트릭스'나 '터미네이터'에서는 자의식을 가진 기계들이 인간과 전쟁하고 인류를 제거하는 이야기가 등장한다. 그저 대중을 자극하기 위한 작가들의 지나친 허구일까, 아니면 인류의 불행한 미래를 경고하는 선지자들의 예언으로 받아들여야 할까? 결론적으로 인공지능은 인류에게 새로운 도약의 기회이자 심각한 위협이기도 하다. 우리가 인공지능을 올바르게 이해해야 하는 중요한 이유이기도 하다.

알파고 덕분에 유명세를 타게 된 영국의 딥마인드(Deep Mind)는 직원 30명 정도의 작은 벤처회사였다. 딥마인드를 놓고 구글과 페이스북은 치열한 인수 경쟁을 벌였는데, 결국 구글이 약 5억 달러(약 5,500억원) 이상을 들여 2014년 인수한 것으로 전해진다. 딥마인드의 CEO 데미스 하사비스는 매우 특이한 경력을 가지고 있다.

그는 캠브리지 대학에서 컴퓨터 공학을 전공했고 런던 대학에서 뇌 과학 연구로 박사 학위를 받았다. 체스 게임 챔피언이기도 하며 비디오 게임을 즐기는 유명한 해커이기도 하다. 딥마인드는 DQN (Deep Q-Network)이라는 인공지능 알고리즘을 성공적으로 개발했고 이 내용은 저명한 학술지 〈네이처〉에 2015년 2월 게재되었다. 놀랍게도 딥마인드의 DQN 인공지능은 게임의 목표만 알려주면 스스로 학습이 가능하다는 점이다.

예를 들어 '벽돌깨기' 게임의 경우 인공지능에게 화면 픽셀을 데이터로 입력하고 패드를 움직여 고득점을 내도록 목표를 설정하면 처음엔 버벅거리다가 점점 스스로 게임을 이해하고 공략법을 알아내어 고수의 플레이를 보여준다. DQN을 29개의 고전 비디오 게임에 적용한 결과 인공지능은 인간을 뛰어넘는 기록을 세웠다. 딥마인드에서 개발한 인공지능은 기계 학습이 가능한 '딥러닝(Deep Learning)' 이라 불리는 기술이다. 미리 주어진 조건에서 항상 같은 결과를 내는 일반적인 알고리즘과 달리 인간의 뇌 신경망 작동 원리처럼 운영되어 학습이 가능하며 학습 과정이 반복될수록 사람처럼 정확도가 좋아지는 특징이 있다. 그렇다면 50년 이상 별 성과 없이 실패한 기술로 여겨졌던 인공지능이 최근 갑작스럽게 '딥러닝' 이라는 이름으로 다시 주목 받게 된 이유는 무엇일까? 또한 이러한 놀라운 성과를 놓고 전문가들은 왜 우려를 나타낼까?

　2016년 알파고를 통해 유명세를 탄 인공지능은 60여 년 전만 해도 몇몇 과학자들의 엉뚱한 상상에 불과했다. 1950년 영국의 천재과학자 앨런 튜링이 인공지능과 사람을 구분하는 방법을 제안했을 때만 해도 컴퓨터는 단순 계산만 반복하는 계산기에 불과했다. 이런 현실에 인공지능이라는 아이디어는 너무 앞서나간 발상으로 여겨졌다. 인공지능은 1960년대 들어서면서 본격적으로 군사 분야를 중심으로 개발되기 시작했다. 냉전 시절, 미국이 소련을 제압할 수 있는 새로운 군사 기술 개발을 위해 거금을 쏟아 부으면서 본격적으로 연구가 시작되었다. 1965년 인공지능 연구의 선구자였던 사이먼은 "20년 내에 사람이 할 수 있는 모든 일을 기계가 할 것"이라는 낙관적인 전망을 내놓았고, 1967년 마빈 민스키는 "이번 세기에 인공지능을 만드는 문제는 거의 해결될 것"이라고 말하며 기대치를 한껏 올려놓았다.

　1963년 6월, MIT는 고등 연구 계획국(DARPA)으로부터 인공지능 연구비 220만 달러를 지원 받았고 1970년대까지 매년 300만 달러라는 거금을 제공받게 되었다. 당시 유행했던 인공지능 개발 방식은 사람이 컴퓨터에게 미리 생각하는 방식을 일일이 입력해주고, 컴퓨터가 이를 충실히 실행하도록 하는 방식이었다. 예를 들어 체스 게임이나 수학 정리 증명의 경우 목표 달성을 위해 한 단계씩 나아가는 방식을 택했다. 마치 미로에서 길을 찾아갈 때 막힌 길이 있으면 다시 되돌아 왔다가 다른 길로 가는 식이었다. 하지만 간단한 미로조차도 경로로 사용할 수 있는 경우의 수가 천문학적으로 많다는 것이 문제였다. 이러한 방법은 1970년대에 들어서면서 오히려 인공지능 발전의 발목을 잡았다. 생각하는 방법이 미리 입력된 컴퓨터는 예상치 못한 다양한 상황을 만나면 유연한 사고를 할 수 없었기 때문이었다. 그러다 보니 인공지능의 성과는 당초 기대와 달리 매우 실망스러웠고, 급기야 자금 지원이 중단되었으며 결국 암흑기를 맞았다. 따라서 1980~1990년대 인공지능 연구는 미리 정해진 문제만을 빠르게 잘 푸는 방향으로 기대치를 줄이게 되었다. 이런 개발 방식은 빠르게 발전하는 반도체 기술 덕분에 고성능 컴퓨터의 발전으로 꽃을 피웠다. 복잡한 계산을 빠르게 수행할 수 있는 슈퍼컴퓨터가 등장한 것이다. 1997년 IBM이 개발한 슈퍼컴퓨터 '딥블루'는 초당 2억 회라는 계산력을 내세워 당시 체스 세계 챔피언인 게리 카스파로프(Garry Kasparov)를 이기기도 했다. 인공지능이 특정 영역에서 사람을 앞설 수 있다는 것을 대중에게 보여준 첫 계기였다.

인공지능은 1990년대 후반까지도 입력된 계산 법칙에 따라 무한적으로 계산을 반복하는 능력이 최대의 강점이었다. 맥락을 파악해 사람의 말을 알아듣거나 고양이나 강아지처럼 사물을 제대로 인식하는 기능은 기대할 수 없었지만, 신경과학의 발전으로 인간의 뇌 작동 원리가 규명되면서 이를 인공지능에 적용하게 되면서 대전환점을 맞는다. 2006년 이후 컴퓨터가 사람처럼 자율적 학습까지 할 수 있는 '딥러닝' 기술이 개발되며 인공지능은 비약적으로 발전했다. 또한 인터넷의 발전 덕분에 인공지능 학습을 위한 다양한 빅데이터가 생성되었고, GPU(Graphics Processing Unit) 하드웨어의 눈부신 발전으로 복잡한 행렬 연산에 소요되는 시간을 크게 단축시킬 수 있었다. 마침내 2017년 알파고는 최신 딥러닝 기술을 바탕으로 프로 바둑 기수들을 상대로 68승 1패라는 놀라운 기록을 남기면서 세계 바둑 1위로 은퇴를 선언하게 되었다. 아마 앞으로 인류사에서 인공지능을 이길 프로 바둑기사는 영원히 존재하지 않을 것이다.

구글 딥마인드의 알파고와 같은 인공지능은 특정 분야에 한해서 이미 전문가의 수준을 넘어섰다. 하지만 아직 이들은 엄밀하게 말해서 좁은 의미의 인공지능이다. 학습된 분야에서만 전문성을 발휘할 뿐, 다양한 분야에서 활용되기에는 한계가 있다. 다른 종류의 문제를 풀기 위해서는 해당 분야의 데이터를 다시 처음부터 학습해야 한다. 아직은 사람처럼 다양한 분야의 문제들을 종합적으로 이해하거나 통합적으로 판단할 수 없다. 이러한 능력을 갖춘 인공지능을 넓은 의미의 인공지능이라고 한다. 여기에 만약 자의

식까지 더해진다면 강한 인공지능이라고 불린다. 스스로의 존재를 이해하며 통합적 사고를 하고 사람처럼 감정을 지니는 인공지능이다. 아직까지는 이런 '강한 인공지능'에 대한 유의미한 성과가 없다. 사람의 의식이나 감정조차도 아직 과학적으로 명쾌하게 정립되지 못했기 때문이다.

그러나 전문가들의 예상을 깨뜨린 알파고의 승리는 인공지능 역사의 중요한 전환점이 되었다. 알파고가 던진 충격파는 바둑계를 넘어서 전체 산업 영역으로 확대되고 있으며, 인공지능이 미래 혁신의 중심이 될 것으로 전망된다. 알파고 효과로 인해 수많은 투자 자본들이 인공지능 개발에 몰리고 있으며, 엄청난 투자와 자본으로 인공지능 기술은 더욱 빠르게 발전할 것이다. 만약 알파고가 이세돌 9단에게 패배했다면 어땠을까? 아마 인공지능 기술은 대중으로부터 천덕꾸러기 취급을 받으며 또다시 외면 받았을지 모를 일이다.

# 특이점(Singularity)이
# 온다

유명한 미래학자이자 구글의 기술 이사인 레이먼드 커즈와일 (Raymond Kurzweil)은 스캐너와 문자 판독 소프트웨어인 OCR, 신시사이저를 발명한 사람이기도 하다. 특히 'Kurzweil K250'이라는 신시사이저는 미국의 유명한 시각장애인 가수 스티브 원더(Stevie Wonder)에게 의뢰를 받아 제작된 것으로 유명하다. 그는 1990년 〈지적 기계의 시대(The Age of Intelligent Machines)〉라는 책에서 1998년경 컴퓨터가 체스 챔피언을 이길 것으로 예측했다. 1997년 IBM사의 슈퍼컴퓨터 '딥블루'가 세계 챔피언 게리 카스파로프에게 승리를 거두었는데 커즈와일의 예측보다 오히려 1년 앞당겨 실현된 것이다. 당시 많은 사람들이 컴퓨터가 체스 챔피언을 이길 수 없다고 단언했음을 감안하면 놀라운 예측이다. 1999년에는 〈21세기 호모사피엔스〉라는 책에서 "2009년에는 문고판 크기의 디스플레이로 책, 잡지, 신문 등을 읽는 것이 일반화될 것이다"라고 예측했는데 아이폰의 아이패드, 아마존 킨들 등이 그 무렵에 탄생한 것을 보면 가히 현대판 노스트라다무스라고 할 수 있다.

그는 2029년에 인공지능이 사람처럼 자연스러운 대화를 나눌 수 있게 될 거라고 예견했고, 2045년경에는 인공지능이 전반적으로 사람의 지능 수준을 뛰어넘으리라 보고 있다. 이른바 인공지능의 '특이점(Singularity)'이다.

커즈와일이 예견한 2045년의 특이점 이후에는 변화의 폭이 너무 크기 때문에 더는 예측이 불가능하다. 또한 이러한 특이점에 대한 전문가들의 생각도 저마다 다르다. 스티븐 호킹이나 엘론 머스크는 이런 인공지능의 탄생이 인류의 존재를 위협하리라고 경고하지만, 커즈와일은 모든 것을 통합한 전지 전능한 인공지능은 영화에서나 등장하는 허구라고 말한다. 현재도 이미 수많은 인공지능이 존재하고 있으며, 다양한 형태로 발전될 인공지능은 오히려 인류가 더욱 진화된 존재로 거듭나기 위한 수단일 뿐이라는 것이다. 이렇듯 상반된 예측 속에서도 한 가지 확실한 것은, 만약 인공지능이 사람보다 뛰어난 판단 능력을 지니게 된다면 이를 보유한 사람과 그렇지 않은 사람과의 격차는 더욱 크게 벌어질 것이라는 점이다. 즉, 인공지능의 발전에 따라 새로운 형태의 경제적 불평등과 사회적 격차가 발생한다는 전망이다. 그뿐 아니라 가까운 미래에 인공지능으로 인해 수많은 사람들의 일자리가 사라질 것이라는 우려에 대해서도 의견이 일치한다. 로마 제국 시절 중산층의 일자리를 빼앗은 노예처럼 말이다.

오늘날 세계에서 기사를 가장 많이 쓰는 기자는 누굴까? 바로 인공지능 컴퓨터다. '워드 스미스' 라는 프로그램은 1년에 몇 십억 개의 기사를 쓸 수 있는데, 특히 경제 데이터를 요약해서 작성하는 기사에 큰 강점을 보인다고 한다. 2013년 영국 옥스포드 대학의 마이클 오스본 교수는 미국의 702개 직업 중 인공지능으로 인해 20년 안에 47%의 직업이 사라질 거라고 전망했다. 문제는 인공지능으로 인해 일자리를 잃은 사람들이 더는 갈 곳이 없다는 점이다. 과거 산업 혁명 시절에는 자동화된 기계가 인간의 일자리를 빼앗아갔지만 두뇌를 사용하는 지식 기반의 서비스업 같은 새로운 일자리가 생겨났다. 하지만 가까운 미래에 인공지능이 본격적으로 일자리를 잠식하면 몸을 사용하는 노동은 물론, 머리를 쓰는 지식 기반 서비스의 일자리도 없어질 것이다. 택시 운전이나 텔레마케터 상담원 등 비교적 간단한 역할을 담당하는 서비스 업종은 말할 것도 없고 회계사, 약사, 의사, 변호사, 요리사, 엔지니어, 교사, 군인 등 고도의 지식과 오랜 경험을 바탕으로 한 전문 직종도 영향을 받을 것이다. 많은 사람들이 직업이 없어 소득을 창출하지 못하는 순간, 일자리와 대량 소비를 통해 유지되는 자본주의도 심각한 위기를 맞게 될 것이다.

# 인공지능
# 혁명

만약 신이 나타나서 시간을 거꾸로 되돌려 당신을 10년 전으로 돌아가게 해준다면 어떨까? 정말 10년 전으로 돌아갈 수만 있다면 아마 대부분의 사람들은 지금과는 전혀 다른 삶을 살 것이다. 지난 10년 동안의 경험을 토대로 그간 자신의 잘못된 선택을 피하고 더욱 성공적인 인생으로 자신을 이끌 테니 말이다. 하지만 아쉽게도 이는 불가능하다. 로또 1등 당첨은 상상만으로도 즐겁지만 전혀 불가능한 일은 아니다. 매주 1등 당첨자가 여러 명씩 나오니 말이다. 하지만 시간을 거슬러 올라가는 것은 불가능한 일이다. 그렇다면 반대로 지금부터 10년 후의 미래를 미리 예상할 수 있다면 어떨까? 10년을 거슬러 돌아갈 수 없다면 반대로 10년을 미리 내다보고 지금부터 준비하면 되지 않을까?

우리 호모사피엔스는 지혜를 도구로 살아가는 인간이다. 아무 생각 없이 본능에 따라 살아가는 동물이 아니라 생각과 신념을 도구로 살아간다. 생각과 신념이 무너지면 더는 살아갈 수 없다. 앞으로 10년을 잘 예측해야 우리가 준비하고 살아가야 할 생각과 신념이 생긴다. 우리의 위대한 도구인 생각을 활용해야 할 때가 바로 지금이다. 생각은 앞서 말했듯 '구분 짓기'와 '범주화'를 말한다. 구분 짓고, 범주화하는 것이 생각이며 정신이다. 미래에는 늘 다양한 가능성이 존재한다. 미래를 정확히 예측하려면 막연한 추측이나 상상이 아닌, 다양한 가능성들을 펼쳐놓고 일정한 원칙에 따라 이를 추려나가야 한다.

그렇다면 미래를 예측하는 그 '원칙'은 무엇일까? 하루가 다르게 수없이 쏟아져 나오는 새로운 과학 기술들 중에 '급격한 변화'를 가져오는 기술들을 관심을 갖고 살펴보는 것이다. 스티븐 코틀러는 이를 '기하급수적인 성장을 가져오는 기술(technologies on exponential growth curves)'이라고 표현했다. 대표적인 예로 미국 실리콘밸리의 컴퓨터 기술의 혁신을 예측한 무어의 법칙이 있다. 무어의 법칙은 물리학적 이론이라기보다는 경험적 관찰에서 나온 결론이다. 컴퓨터의 계산 능력이 약 2년마다 2배가 된다는 것이다. 반도체 기술의 발전과 꾸준한 혁신으로 같은 면적 안에 더 촘

촘하게 트랜지스터를 집어넣으면서 반도체가 발전했고 컴퓨터 능력도 따라서 발전했다. 중요한 것은 시간에 따른 발전의 변화가 일정하게 선형적으로 증가하지 않고 기하급수적으로 발생한다는 점이다. 1970년에는 불과 2천여 개($2*10^3$)에 불과했던 CPU안의 트랜지스터 숫자가 20년 후인 1990년에는 백만 개($1M=10^6$)로 늘었고 또다시 20년 후인 2010년에는 10억 개($1B=10^9$)까지 도달했다. 이러한 폭발적인 변화가 결국 실리콘밸리의 다양한 혁신을 만들어냈다. 개인용 컴퓨터, 인터넷, 스마트폰, 인공지능, 빅데이터의 출현도 결국 반도체 기술에서 비롯되었다. 이러한 혁명적인 기술들은 산업 자체를 획기적으로 바꿀 뿐 아니라 그것을 사용하는 사람들과 사회에도 엄청난 영향을 끼친다.

고든 무어가 이러한 예측을 했던 시점은 반도체 기술의 태동기였던 1965년이었다. 당시 그는 1975년까지 트랜지스터 집적 숫자가 매년 2배씩 증가하리라 예상했다. 그렇다면 당시 전문가들은 어떻게 예측했을까? 1977년 켄 올슨(Ken Olson)은 "사람들이 집에서 컴퓨터를 원할 이유가 전혀 없다"고 말하며 개인용 컴퓨터의 탄생 가능성을 무시했다. 1995년 로버트 멧칼프(Robert Metcalfe)는 "1년 뒤 인터넷은 비참하게 붕괴될 것"이라고 장담했다. 1985년 당시 전화선 사업을 하던 AT&T는 중요한 투자 여부를 결정하기 위해 세계적인 컨설팅 기관인 맥킨지에 도움을 요청

했다. 맥킨지의 전문가 팀은 2000년 휴대폰 가입자를 90만 명으로 예상해서 보고했다. 그런데 실제 15년 후 휴대폰 가입자 수는 무려 1억 9천만 명이었다. 무려 120배나 틀린 것이다.

세계 최고의 전문가들이 왜 이토록 잘못된 예측을 했을까? 미래의 변화를 선형적으로 예측하고, 기존 산업을 뒤흔드는 다양한 기술의 융합 과정을 간과했기 때문이다. 새로 개발된 기술 하나로 세상을 바꾸기는 어렵다. 하지만 전혀 생각지 못했던 이질적인 기술들이 서로 맞물리면서 예상치 못한 변화를 만들어낸다. 이른바 기술의 융합(convergence) 과정이다. 스마트폰 기술이 갑작스레 세상을 바꾼 것은 휴대폰 통신 기술, 인터넷 기술, 반도체 기술이 맞물리면서 새로운 비즈니스 혁신을 만들었기 때문이다. 이러한 혁신은 새로운 시장을 창출하고 어느 정도 시간이 지나 임계점을 지나면 폭발적으로 성장한다.

컴퓨터가 발전하면서 1993년에 인터넷이 보급되기 시작했다. 인터넷 사용 데이터양 추이를 살펴보면 역시 기하급수적인 형태다. 10억 배나 좋아진 반도체 기술은 곧 모바일로 이동했고 2007년 아이폰의 등장과 함께 스마트폰 기술 역시 폭발적으로 성장했다. 최근에는 우리를 둘러싼 사물에 이러한 기술들이 탑재되고 있다. 이제는 각종 사물에 탑재된 센서들이 만들어내는 데이터가 사람들이 직접 만드는 데이터 양을 넘어서기 시작했다. 바로 '사물

인터넷(IoT: Internet of Things)'의 탄생이다. 사물 인터넷은 어마어마한 빅데이터를 쌓기 시작했고 이런 빅데이터를 기반으로 인간들은 더 현명한 결정을 내리게 되었다. 하루가 다르게 발전하는 인공지능과 정보 통신 기술은 우리의 일상 생활과 직업뿐 아니라 사회 구조와 인류의 미래를 급격하게 바꿀 것으로 전망된다. 사물인터넷, 로보틱스, 가상현실, 빅데이터, 생명공학 등 새로운 기술들은 인공지능을 중심으로 서로 맞물리면서 우리가 살고 있는 세상을 급격하게 바꿀 전망이다. 인류가 지구 상에 등장한 이래 전개되었던 주요 혁명들 – 인지혁명, 농업혁명, 과학혁명을 뛰어넘는 네 번째 혁명이 예견되고 있다. 바로 '인공지능 혁명'이다. 인공지능이 우리 삶을 송두리째 바꿀 날이 하루가 다르게 다가오고 있다.

# 예언가
# 인공지능

한국 영화 '불한당'에 이런 대사가 나온다.

"사람을 믿지 마라. 상황을 믿어야지, 상황을!"

사람을 믿지 말고 상황을 믿으라는 주인공의 말은 무슨 뜻일까?

미국의 대형 마트 중 타겟(TARGET)이라는 업체는 이름대로 타겟 고객을 완벽하게 공략하기로 유명하다. 타겟은 임신 중인 여성 고객들이 다양한 제품을 꾸준히 구입하는 VIP 핵심 고객이 되는 점을 파악, 제품 구매 내역을 바탕으로 임신부 고객을 대상으로 다양한 제품 홍보물을 발송했다. 그러던 어느 날, 한 남자가 매장을 찾아와 엄청나게 화를 내며 항의했다. 딸이 겨우 16살인데 아기용품과 임신 책자와 홍보물이 자꾸 딸 앞으로 배달된다는 말이었다.

미성년자인 딸에게 임신을 권장하냐며 남자는 크게 분노했다. 당황한 매장 매니저는 거듭 사과하며 다시는 이런 일이 없게 하겠다고 약속했다. 몇 주가 지난 뒤 매니저는 사후 서비스 차원에서 고객에게 다시 사과하고자 연락했다. 그런데 정작 그 남자는 머쓱해하며, 그땐 몰랐는데 딸이 진짜 임신을 했다고 말했다. 그러면서 오히려 화를 낸 자신이 사과해야 할 것 같다고 했다. 깜짝 놀란 매장 매니저는 알고리즘을 개발한 엔지니어에게 어떻게 된 일인지 문의했고, 그 엔지니어조차 프로그램의 정확성에 그저 놀랄 뿐이었다. 그저 임신이 확실한 고객들이 구입한 물품 데이터를 바탕으로 제품 홍보물을 발송했다며 말이다. 임신부들은 임신 초기에 여러 영양제와 더불어 카페인이 함유되지 않은 제품을 많이 구매한다. 임신 중기가 되면 호르몬에 변화가 생기면서 튼살 크림 등을 구입한다. 타겟의 프로그램은 이런 빅데이터를 활용해 임신이 확실한 소비자들이 임신 이후 보이는 구매 패턴을 파악했을 뿐이다. 타겟 프로그램이 만일 말을 할 수 있었다면 처음에 그 남자가 화를 내며 항의했을 때, 이렇게 소리쳤을 것이다.

"당신 딸을 믿지 마라! 딸이 보여주는 상황을 믿어야지. 상황을!"

월마트의 '맥주와 기저귀 세트'도 같은 맥락이다. 아이 아빠들이 대개 갓 태어난 아이를 돌보는 아내 대신 마트에 왔다가 맥주까지 장바구니에 넣는 패턴을 분석해서 만든 상품이다. 개인의 소비 스타일이 곧 개인의 취향이다. 소비자들의 소비 패턴을 알면 그의 취향까지도 알게 된다. 우리가 앞으로 무슨 일을 할지 인공지능이 다 꿰뚫어보는 세상이다. 무슨 신내림을 받아서가 아니다. 내가 보여주는 상황을 분석한 것뿐이다.

커즈와일이 특이점을 전망하는 근거는 컴퓨터의 연산 능력의 발전 속도이다. 세로축은 1천 달러짜리 컴퓨터가 1초당 실행할 수 있는 명령의 수다. 단위는 MIPS로 1MIPS는 1초에 백만 개의 명령을 실행할 수 있다는 의미다. 2015년의 1천 달러 컴퓨터는 쥐의 뇌 수준으로 볼 수 있다. 2025년에는 인간 한 명의 연산 능력 그리고 2045년에는 모든 인류의 연산 능력과 맞먹는다. 요즘

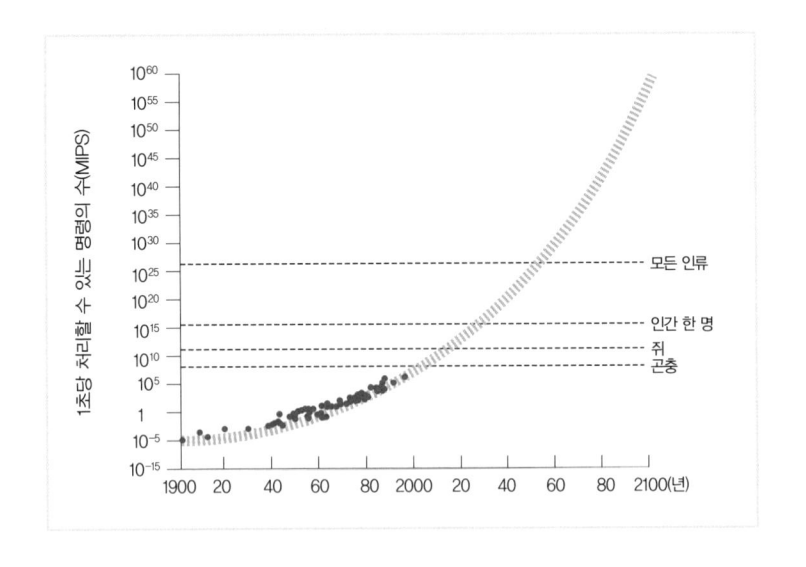

스마트폰 한 대가 약 1천 달러 정도다. 우리가 요즘 들고 다니는 스마트폰의 한 대의 성능은 십수년 전만 해도 어마어마한 크기의 슈퍼컴퓨터에 해당하는 정도였다. 그런데 2045년이 되면 우리가 들고 다니는 휴대폰 한 대가 인류 전체의 뇌를 합친 것 수준으로 정보를 처리할 수 있게 된다는 말이다. 지금 수준의 인공지능으로도 내 행동을 나보다 더 잘 예측할 수 있는데 그때쯤 되면 과연 우리의 생활은 어떻게 바뀔까? 인공지능은 우리에게 이렇게 말할 것이다. "나를 믿지 마라. 내가 보여주는 상황을 믿어라, 상황을!"

# 호모
## 에이아이시스

요즘 많은 사람들이 페이스북을 사용한다. 우리는 페이스북을 공짜로 사용한다고 생각하지만 사실 값비싼 데이터를 페이스북에 제공하는 대가로 사용하는 것이다. 사용자의 개인정보뿐 아니라 관심사, 선호도 그리고 주변 인맥 관계에 대한 정보가 페이스북 서버에 차곡차곡 쌓이고 있다. 중요한 대통령 선거가 있다고 가정해보자. 선거의 대부분은 아직 누구에게 투표할지 결정하지 못한 10% 내외의 부동층에 의해 결정된다. 마음만 먹으면 페이스북은 누가 부동층인지, 선거 당일 투표를 할 것인지, 이들의 관심과 성향이 어떠한지 쉽게 파악할 수 있다. 설문조사의 경우 샘플링 방법이나 표본 수에 따라 예측 결과가 달라지고 응답자의 본심을 정확히 파악하기 어렵기 때문에, 특히 경합이 벌어지는 선거일 때는 정확성이 떨어진다. 반면 페이스북의 빅데이터를 바탕으로 부동 층을 집중 공략할 수 있다면 선거의 결과까지도 바꿀 수 있을 것 이다.

빅데이터는 이처럼 대중의 마음을 현미경처럼 들여다볼 수 있 게 한다. 빅데이터가 정치에도 막강한 영향을 줄 수 있는 것이다. 그뿐 아니라 페이스북에서는 약 8만 6천 명 지원자들의 빅데이터 를 바탕으로 개인의 성격을 판별해내는 시도를 했다. 인공지능이 빅데이터를 바탕으로 동료, 친구, 배우자보다 사람의 성격을 얼마 나 잘 파악할 수 있는지 확인하기 위해서였다. 놀랍게도 인공지능 은 불과 10개의 '좋아요' 데이터를 바탕으로 동료보다 더 정확히 참가자들의 성격을 파악했고 겨우 70개의 좋아요로 친구를 이겼 으며 150개로 참가자의 가족들을 능가했다. 심지어는 300개 가량 의 '좋아요' 데이터를 바탕으로 배우자보다 더 정확하게 참가자 의 성격을 파악할 수 있었다. 가까운 미래에 우리는 누구와 결혼 해야 하며 어떤 직업을 가질지 결정하기 위해 어쩌면 페이스북에 게 제일 먼저 물어보게 될지도 모른다.

사람의 몸은 수많은 생체 신호를 가지고 있다. 센서 기술의 발 달과 모바일 기술 덕택에 실시간으로 생체 신호를 데이터로 저장 할 수 있다. 유전자 정보는 또 하나의 거대한 빅데이터이다. 개인

의 DNA를 판독하는 비용도 기하급수적으로 감소하고 있다. 2010
년 무려 1억원에 달했던 비용이 최근에 불과 20~30만원으로 떨
어졌고 수 년 안에 10만원 이하의 수준으로 낮아질 것으로 예상된
다. 개인의 DNA를 판독하면 향후 암에 걸릴 가능성을 예측할 수
있을 뿐 아니라 특정한 치료약이 잘 들을지 아니면 다른 부작용이
있을지도 판독할 수 있다.

생체 정보와 유전자 정보를 바탕으로 개인에게 최적화된 진료
및 의료 서비스를 구현할 수 있다. 그뿐 아니라 개인의 생활 습관,
식습관, 잠버릇 등을 빅데이터로 모아서 현재의 건강 상태뿐 아니
라 향후 어떤 문제가 생길지도 예측할 수 있다. 미국 질병관리국
이 새로운 독감 주의보를 발령하기 전에 이미 구글이 먼저 독감
발병 여부를 정확히 예측할 수 있다. 병원에서 내원 환자들의 감
염 정보를 질병 관리국에 보내면 질병 관리국에서 이를 취합하는
데 약 2주가 걸린다. 하지만 독감 초기 단계에 환자들이 구글 검
색을 통해 해당 증상을 찾아보고 감염 여부를 조회하기 때문에 이
미 구글은 실시간으로 검색어를 바탕으로 어느 지역에 얼마나 많
은 사람들이 독감에 걸릴 가능성이 있는지 아주 정확히 예측한다.
우리는 구글 검색을 공짜로 사용하는 것 같지만 사실상 '검색어'
라는 빅데이터를 실시간으로 구글에 제공하는 것이다.

빅데이터와 인공지능은 제조업 분야에도 빠르게 적용되고 있

다. GE는 2015년 인도 푸네에 브릴리언트 공장을 설립했다. 소프트웨어와 하드웨어의 결합을 통한 혁신적인 공장의 첫 모델이다. 일반 제조업이라면 까다로운 품질 관리를 위해 생산하는 품목이 정해져 있고 생산을 담당하는 인력이나 제조 라인을 바꾸지 않는 것이 상식이지만, GE는 동일한 공장에서 빅데이터와 인공지능을 활용해 제트엔진부터 기관차 부품에 이르기까지 항공, 오일, 가스, 철도 사업에 필요한 각종 기계를 생산하고 있다. 한 공장에서 여러 분야 부품을 만들 수 있는 것은 데이터를 실시간으로 활용해 공정을 최적화했기 때문이다. 대량생산과 대량공급이라는 생산자 중심의 자동화 공장에서 소비자 수요에 맞추어 다양한 제품을 생산할 수 있는 지능화 공장이 탄생하는 것이다.

인공지능과 정보기술의 발전에 따라 우리의 일상 생활에도 다양한 변화가 일어나고 있다. 집안 곳곳의 전자제품들은 가족들의 음성과 동작을 인식하며 필요에 따라 마치 개인 비서처럼 작동하고 전기나 수도는 날씨에 맞게 스스로 운영될 것이다. 사람의 운전 없이 스스로 작동되는 운송 수단의 발전으로 자동차는 더 이상 소유의 대상이 아니라 이동을 위한 맞춤 서비스와 공유의 대상으로 전환될 수 있다. 또한 개인의 진료 자료를 분석하고 각종 기기로부터 취합된 데이터를 이용하여 병을 예방할 것이다. 나날이 발전하는 가상/증강 현실 기술을 바탕으로 개인별 맞춤 학습이 가능한 스마트 학습이 도입될 것이다. 지능형 CCTV는 범죄자를 잡는 데 큰 도움이 될 것이며 재난구조나 군사작전 등에도 사람 대신 로봇이 사용될 전망이다. 첨단 센서 기술을 이용하여 오염 물질을 분석하고 인공지능 기술을 활용하여 오염원을 차단하는 일도 가능해질 것이다.

2020년이 되면 전세계의 빅데이터는 무려 40ZB(제타바이트, $10^{21}$ bytes)가 될 것이라고 한다. 1인당 하루에 1.6GB 정도의 데이터를 사용한다고 가정한다면 75억 전세계 인구가 10년 동안 사용할 수 있는 어마어마한 데이터 양이다. 하루가 다르게 폭발적으로 늘어나는 빅데이터를 활용한 기술은 이미 우리 생활 곳곳에 빠르게 침투 중이다.

새로운 기술이 개발된 후 사회에 널리 보급되기까지 걸리는 과정을 경제학에서는 '디퓨전(Diffusion: 확산, 보급)'이라고 하는데 이 디퓨전 기간이 갈수록 짧아지고 있다. 미국에서 자동차가 인구의 50퍼센트에 보급되기까지 80년 이상, 텔레비전은 30년 정도가 걸렸다. 휴대전화의 경우는 10년 정도 걸렸다. 그렇다면 인공지능 기술은 그보다 더 빨리 확산될 것이다.

빅데이터를 새로운 도구로 활용하여 인공지능을 장착한 인류는 부와 권력뿐 아니라 세상을 지배하는 신과 같은 강력한 힘을 갖게 될 것이다. 단지 미래의 지배 계급에 머무르는 것이 아니라

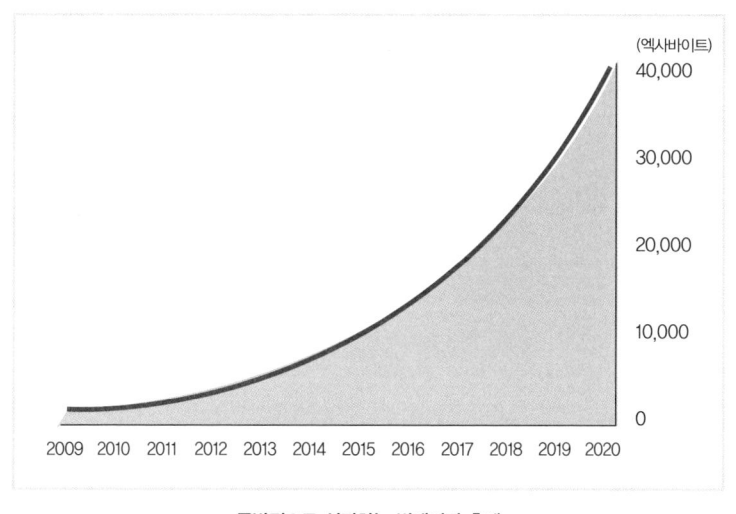

(엑사바이트)
40,000
30,000
20,000
10,000
0

2009 2010 2011 2012 2013 2014 2015 2016 2017 2018 2019 2020

**폭발적으로 성장하는 빅데이터 추세**

그 동안 호모사피엔스들이 이룩했던 문명과 삶의 방식을 통째로 바꾸어버리는 창조적 파괴자가 될 수 있다. 우리 인간이 숙명적으로 받아들여야 했던 죽음조차 초월하며 세상의 흐름을 빅데이터라는 마법의 구슬로 들여다볼 것이다. 빅데이터와 인공지능이라는 도구를 갖춘 새로운 인류, 호모 에이아이시스의 시대가 열리고 있다.

# 인공지능의
# 학습 방법

단순한 연산 능력을 가진 컴퓨터는 사진만 놓고 고양이와 개를 구분하지 못한다. 사람은 유아기만 지나도 직관적으로 고양이와 개를 쉽게 분별할 수 있지만 컴퓨터는 복잡한 연산 과정을 거쳐야만 이해할 수 있다. 그 정확도를 개선하기 위해 기계 학습(Machine Learning)이라는 방법이 고안되었다. 수많은 데이터를 컴퓨터에 입력한 뒤 비슷한 것들끼리 분류해서 개는 개로, 고양이는 고양이로 판독하도록 훈련하는 방식이다. 기계 학습 방식 중에서 학습 데이터를 구분하는 층을 많이 만들어서 그 정확도를 올리는 방법을 '딥러닝(Deep Learning)' 이라고 한다. 딥러닝은 처음에는 단순하게 선이나 색만 구별한다면 나중에는 모양을 인식하고 다음엔 추상적인 레벨까지 구분할 수 있게끔 한다.

어린아이에게 고양이를 구분하는 방법을 가르친다고 해보자. 지도 학습은 아무것도 모르는 어린아이에게 "이런 이미지가 고양이야"라고 차근차근 가르쳐주는 방식이다. 처음엔 미숙할지라도 매일 각종 고양이 사진을 보다 보면 고양이에 대한 개념을 확실히 알 수 있게 된다. 학습하는 동안 정답과 오답을 비교하면서 오류를 보정하는 방식인데 학습 데이터가 적으면 오류가 커지므로 충분한 데이터 양이 필요하다.

반면 비지도 학습은 정답이 생략되고 목표만 주어진다. "이런 이미지가 고양이야"라고 학습하는 게 아니라 컴퓨터가 '이런 이미지가 고양이로군' 이라고 자율적으로 깨닫게 하는 것이다. 지도 학습을 통해 어린아이가 정해진 교육을 통해 새로운 것들을 알 수 있었다면, 비지도 학습은 정글에서 혼자 남겨진 아이가 살아남는 방법을 스스로 깨닫는 것과 같다. 고도의 연산 능력이 요구되며 웬만한 컴퓨팅 능력으로는 시도하기 쉽지 않다는 특징이 있다. 한편, 이러한 '지도', '비지도' 학습 방법의 중간에 위치하는 '강화학습'이 있다. 정답을 알려주지 않고 맞았는지 틀렸는지만 확인하는 방법이다. 이러한 방법으로 바둑의 '바' 도 모르는 아이에게 약 16만 장의 기보를 끊임없이 교육한다면 어떨까? 기보를 학습해 규칙을 발견한 아이는 이후 혼자서 대국할 수 있게 된다. 흑돌도 자신이고 백돌도 자신인 고독한 게임을 끊임없이 하는 것이다. 그렇게 약 4주 동안 100만 판의 바둑을 두고 끝내 시합에 나가 노련한 프로 바둑기사에게 승리하는 것이다. 이는 강화 학습으로 이세돌 9단을 이긴 알파고의 이야기이다. 엄청난 데이터를 기반으로 스스로 교육한 후 자신 스스로 대국을 둬봄으로써 사람을 뛰어넘는 묘수를 터득할 수 있었던 것이다. 이것이 강화 학습의 원리이다.

딥러닝은 빅데이터가 존재하고 높은 정확성이 요구되는 분야에서 활발하게 적용된다. 페이스북은 사용자가 친구의 사진을 올렸을 때 자동으로 얼굴을 인식하는 '딥페이스(Deep Face)' 기술을 개발했다. 인식 정확도는 97.25%로 인간의 정확도인 97.53%와 거의 차이가 없다. 이 밖에도 딥러닝을 적용할 수 있는 분야는 무궁무진하다. 음성 인식과 번역 분야를 비롯해서 자율주행 자동차 분야에서 보행자 감지와 교통신호와 표지판 등을 인식하는 데에도 이용 가능하다. 앞으로 제품이나 서비스 경쟁력은 "무엇을 만드는가"보다 "얼마나 똑똑하게 만드는가"일 것이다. 우리를 둘러싼 수많은 사물들이 스스로 데이터를 축적해가면서 인간보다 빠르고 정확하게 처리할 수 있는 세상이 오고 있다. 인간의 오감을 대치하는 센서들을 이용하여 빅데이터를 모으고 딥러닝이라는 강화 학습을 통해 인간의 지능에 필적하는 기술들이 속속들이 개발되고 있다.

# 인공지능의 대세,
# 딥러닝

2017년 초 개봉된 영화 '더 킹'에서는 검찰 수뇌부들이 대통령 선거를 앞두고 과연 어느 후보에 줄을 댈 것인지를 놓고 갈팡질팡 하다가 결국은 무당에게 찾아가 답을 구하는 장면이 나온다. 영화 개봉 시점이 마침 헌정 사상 초유의 탄핵 정국과 맞물리면서 관객들에게 씁쓸한 웃음을 자아냈던 장면이기도 했다.

영화에서 그린 것처럼 대통령이 누가 될 것인지 뿐 아니라 기업이나 개인도 늘 중요한 결정을 앞두고 신통한 무당을 찾고 싶은 건 똑같은 마음일 것이다. 기업들은 미래 사업을 위해 어떤 투자를 진행할지, 신제품 출시는 어떻게 할지 등을 늘 고민한다. 향후 회사의 운명을 좌우하는 중요한 결정이기 때문이다. 기업들의 의사 결정은 대체적으로 다음과 같이 이루어진다. 사장을 포함한 임원진의 지시로 부서장이나 팀장이 프로젝트를 준비한다. 그러면 중간 관리자들은 아래 실무진들에게 프로젝트에 필요한 자료와 시장조사를 시킨다. 실무진들은 열심히 조사해서 모은 자료들을 취합해 검토하면서 불필요한 부분은 제거하고 중요한 부분을 보완하여 기획서를 완성한다. 이렇게 준비된 기획서는 부서장이나 팀장의 주재로 수 차례 내부 검토를 거친 뒤 회사 임원진에게 보고된다. 그리고 그중에서 사장이나 임원진의 의사 결정 과정을 거쳐 최종 채택 여부가 결정된다.

어떤 사람이 한 회사에 새로 사장으로 부임하게 되었다면 중요한 결정을 어떻게 내려야 할까? 제일 먼저 그 동안 어떤 식으로 의사 결정들이 이루어져 왔는지 살펴볼 것이다. 과거에 이루어졌던 수많은 결정 사례를 살펴보면서 사원-대리-과장-차장-부장-임원을 거치는 과정에서 누구의 아이디어와 의견이 적절했는지, 반대로 누가 잘못된 의견을 제시했는지 거꾸로 탐색해갈 수 있을 것이다. 이러한 '역방향 학습' 과정을 통해 수많은 사례를 단계별로 살피다 보면 결국 누구의 의견이 정확했고 탁월했는지 알 수 있다. 사장으로서 여러 부서와 개인의 의견에 대해 적절한 가중치(점수)를 부여할 수 있게 되는 것이다. 사실 회사 내의 다양한 아이디어나 좋은 의견들이 때로는 조직내의 정치적 상황이나 심지어는 관리자의 개인적인 취향이나 시기, 질투 같은 생각지 못한 이유로 인해 엉뚱하게 바뀌기도 하고 왜곡되기도 한다. 따라서 기업의 생사를 책임지는 사장으로서 이런 여러 변수들을 전부 고려하여 정확한 가중치(점수)를 부여할 수 있다면 더 현명하고 정확한 결정을 내릴 수 있다.

흥미로운 점은 우리의 뇌도 이러한 방식으로 작동되며 인공 지능의 학습 과정도 이를 흉내 내고 있다는 사실이다. 사람의 뇌에는 약 $10^{11}$개의 신경 세포인 '뉴런'이 존재하며 신경 세포간의 연결을 의미하는 '시냅스'가 약 $10^{15}$개나 존재한다. 마치 기업의 사원이나 대리가 각자 조사한 내용을 정리하여 직속 상사에게 보고하듯이 개별적인 뇌 신경 세포들은 전달된 다양한 자극 신호를 처리하여 다른 뇌 신경 세포에게 전달한다. 다만 차이가 있다면 회사라는 조직은 직급 순서대로 수직적으로 정보가 흐르는 반면, 뇌에는 워낙 많은 신경 세포들이 복잡한 연결을 이루고 있기 때문에 신호 교환이 동시다발적이며 수평적으로 이루어진다. 또한 전달받은 신호를 무조건 다른 신경 세포에 보내는 것이 아니라 여러 개의 신호를 취합하여 일정 기준 값 이상이 될 때에만 다른 신경 세포에 다시 신호를 보낸다. 마치 과장이 여러 명의 사원과 대리에게서 보고를 받은 뒤 중요한 결정 사안이라고 판단될 때에만 이를 부장에게 보고하는 것과 비슷하다.

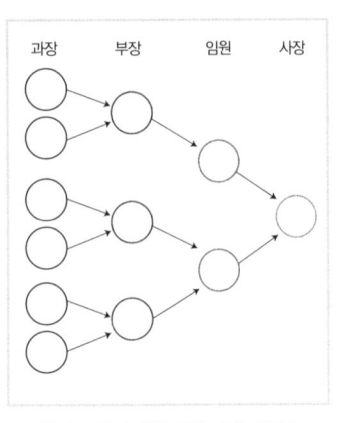

인공지능망의 신호 처리층 기본 개념도      회사 조직의 의사 결정 과정 개념도

인공지능망에서는 뇌의 신경 세포와 유사한 '노드(Nod)'가 존재한다. 편의상 이를 연결점이라고 하자. 이러한 각각의 연결점들은 신호를 받아 처리한 뒤 다음 층에 존재하는 연결점에 신호를 전달하는 구조를 갖는다. 또한 각 연결점에 입력되는 신호에 대해서 중요도에 따라 가중치(점수)를 부여할 수 있다. 만약 가중치가 0이라면 그 신호는 전달되지 않는다. 따라서 정확한 판단을 위해서는 가중치를 어떻게 조정하는지가 중요하다. 인공지능망은 수많은 학습 과정을 통해 이러한 가중치를 끊임없이 업데이트한다. 흥미로운 것은 사람의 뇌도 이와 같은 방식으로 작동하며 기업이나 국가와 같은 거대 조직도 이렇게 의사 결정을 내린다는 점이다. 개인이든 기업이든 국가든 심지어 인공지능이든, 올바른 학습이 매

우 중요한 이유이기도 하다.

　그렇다면 이렇게 단순한 작동 원리를 갖는 인공지능의 신경망 이론이 오랫동안 잊혀져 있다가 왜 최근에서야 갑자기 주목 받게 되었을까? 최초의 신경망 모델은 1957년 프랭크 로젠블럿(Frank Rosenblatt)이라는 천재 과학자에 의해 제안되었다. 인간의 뇌 신경처럼 신호를 처리하는 방법이었기 때문에 인공 신경망(Artificial Neural Network) 기술이라고 불렀다. 하지만 당시 인공지능의 선구자였던 마빈 민스키(Marvin Minsky)는 인공 신경망 이론의 문제점을 수학적으로 증명했다. 정확한 논리 연산을 위해서는 3개 이상의 층으로 구성된 인공지능망이 반드시 필요하지만, 문제는 이러한 복잡한 신경망을 학습시킬 수 있는 방법이 없다는 점이었다. 민스키의 주장 때문에 인공지능망 기술은 이론적으로는 훌륭하지만 현실적으로는 구현이 불가능한 이론으로 낙인 찍히게 되었다. 사실상 인공지능망 이론에 대한 사형선고였는데 이러한 주장을 했던 민스키에 대해서는 현재 평가가 엇갈리고 있다. 인공지능망 기술이 인류에게 심각한 위험이라고 믿는 사람들은 영화 '터미네이터'에서 인류를 구한 영웅이었던 존 코너 같은 사람으로 그를 평가하기도 한다. 그의 주장 덕분에 인공지능 발전이 최대한 늦춰졌다는(?) 이야기다. 반면 인공지능망 기술이 인류에게 큰 도움이 될 것이라고 믿는 사람들은 민스키를 혹평하기도 한다. 그는 인공지능 기술의 개발 방향을 엉뚱하게 설정했으며 대중들에게 장밋빛 전망을 내놓았지만 사실상 제대로 된 성과를 만들어내지 못했다고 평가한다.

하지만 이렇게 소생 불가능할 것만 같았던 인공지능망 기술에 새로운 돌파구가 등장했다. 1986년 제프리 힌튼(Geoffrey Hinton)은 판단 결과로부터 처리 과정을 탐색하는 학습 방법을 통해 복잡한 인공지능망도 학습이 가능함을 증명했다. 인공지능망이 잘못된 판단을 내렸다면 옳은 판단을 내릴 수 있도록 그 처리 과정을 거꾸로 탐색하면서 가중치를 바꾸어주는 방식이었다. 앞서 예를 들었던 것처럼 새로 부임한 사장이 과거에 이루어진 성공과 실패 여부를 살펴보는 것과 비슷하다. 일례로 잘못된 투자로 인해 회사에 1,000억 정도의 손실이 발생한 경우가 있었다고 하자. 매우 위험한 투자였는데도 이를 안정적인 투자로 평가하게 된 근거를 거꾸로 추적하면 그 원인을 알 수 있게 된다. 마케팅 부서에서 단기적인 실적을 위해 시장 수요를 부풀렸을 수도 있고 제품 개발 부서에서 과도한 의욕으로 개발 비용을 너무 적게 잡았다가 결과적으로 팔수록 손해가 발생하는 지나치게 비싼 원가 구조를 갖는 신제품을 개발했을 수도 있다. 비슷한 맥락으로 인공지능망 기술에서는 결과로부터 거꾸로 오류를 탐색하면서 각각의 신호 처리 층의 가중치를 바꾸어주는 학습이 매우 효과적이었다. 이러한 의미를 담아 이 방법은 '오차 역전파법(backpropogation)'이라 불리게 되었다. 예를 들어 고양이 사진을 입력했는데 인공지능망이 강아지로 판별했다면 왜 그러한 오류가 발생했는지 가장 마지막 결과층에서부터 오류를 찾아가면서 가중치를 고쳐주는 것이다. 이러한 방식으로 수많은 데이터를 학습시키면 결국 인공지능망은 다양한 형태의 고양이를 진짜 고양이로 인식할 수 있게 되는 원리이다.

하지만 역전파법에도 치명적인 문제점이 발생했다. 층이 몇 개 되지 않는 경우에는 잘 작동했지만 복잡한 처리를 위해 인공 신경망의 층수를 늘리게 되면 오차가 누적되어 제대로 된 학습이 이루어지지 않았다. 신경망이 깊어질수록 더욱 학습력이 좋아져야 하는 것은 당연하다. 하지만 이상하게도 층이 일정 개수 이상 늘어나면 기대하는 결과가 나오지 않는 일이 생겼다. 최종 결과 층에서 멀어질수록 층별 계산 값이 급속히 작아지거나 너무 커져버리는 문제가 발생했기 때문이었다. 마치 기업 조직이 거대해질수록 의사 결정 과정이 복잡해지면서 누가 어떤 결정을 내렸는지 단계적으로 추적하기 어려워지거나 오류가 생기는 것과 비슷하다고 볼 수 있다. 복잡한 의사 결정 구조로 인해 책임 소재가 불분명해지면 아무리 학습을 해도 다시 그런 오류를 범하게 되는 것과 같다.

이러한 치명적인 문제점으로 인해 또 한 번의 정체기를 맞았던 인공지능망 기술은 2006년 마침내 큰 해결책을 찾았다. 문제 해결의 열쇠는 역시 가중치에 있었다. 20년 전 역전파법을 고안했던 제프리 힌튼(Geoffrey Hinton)은 학습 초기에 가중치를 신중하게 설정한다면 복잡한 층 구조를 갖는 인공지능망에서도 충분히 학습이 가능하다는 사실을 증명하였다. 기업에 비유하자면 여러 부서의 의견을 취합하는 비중을 아무렇게나 정하는 것이 아니라 일정 기준에 따라 미리 정해놓는 방식인 셈이다. 예를 들어 영업 부서는 늘 판매 예상치를 실적보다 과도하게 잡는 경향이 있다면 이들의 의견을 50%만 반영하는 식이다. 결국 인공 지능의 학습이라는 것은 가중치를 끊임없이 고쳐가는 과정인데, 출발점에 해당하는 초기 가중치를 어떻게 결정하는지가 가장 중요했던 것이었다. 힌튼의 성과 덕택에 그 동안 연구 지원에 있어서 찬밥 신세였던 신경망(neural network) 기술은 '딥네트워크(deep network, 심층 신경망)' 혹은 '딥러닝(deep learning, 심층 학습)' 이라는 새로운 이름으로 주목받게 되었다. 대중들에게는 기존의 신경망 인공지능 기술과는 전혀 다른 기술로 인식되었고, 새로운 브랜드 효과까지 갖게 된 셈이었다. 기존 인공신경망의 한계를 극복한 새로운 딥러닝 기술은 이러한 과정을 거쳐 탄생되었다.

이후 딥러닝의 저력을 크게 보여준 계기가 있었다. 바로 2012년에 개최된 'IMAGENET' 이라는 물체 인식 대회였다. 그 당시 가장 정확한 알고리즘이 약 25% 정도의 인식 오류를 보이고 있었는데, 20% 이하의 오류율을 달성하는 것은 거의 불가능하다고 여겨졌다. 그런데 딥러닝 이론을 제안했던 제프리 힌튼 교수의 제자였던 알렉스가 새로운 딥러닝 기반 알고리즘인 '알렉스넷'을 개발하여 인식 오차율을 무려 15%로 낮추었다. 단기간에 오류율을 10%나 향상시킨 것은 인공 지능 연구에 있어서 매우 비약적인 발전이었다. 이후 지속적인 딥러닝 기술의 발전으로 2016년에는 3% 수준으로 낮아졌으며 이는 사람의 평균 이미지 인식 오류율인 5%보다 정확한 수준이다. 이제는 컴퓨터가 사람보다 더 정확하게 인식하게 된 것이다. 미국 범죄 드라마인 CSI나 영화를 보면 사람 사진을 입력하면 바로 전세계 CCTV를 통해 즉각적으로 그 사람이 지금 어디서 무얼 하는지 바로 찾아내는 장면이 종종 나온다. 이런 것이 실제로 지금 가능한 것이다. 이게 바로 빅데이터와 딥러닝 기술의 성과다. 이처럼 눈부신 성과를 보이고 있는 딥러닝 기술은 빅데이터를 활용하여 이미지 판독 및 음성 인식 부문에도 빠르게 적용되고 있다.

# 진짜
# 주인공

구글, 애플, MS, IBM 등 글로벌 기업들은 인공지능 기술을 이용해 인간 언어에 도전하고 있다. 최근 구글은 인공지능을 활용한 자동번역 서비스를 지원한다고 밝혔다. 구글이 예고했던 딥러닝 기반의 새로운 알고리즘을 적용한 번역 시스템이다. 번역 가능한 언어로는 영어, 프랑스어, 독일어, 스페인어, 중국어, 일본어, 터키어에 한국어까지 포함되어 있다. 기존의 구글 번역은 문장을 단어나 구로 분리해 마치 사전을 참조하듯 미리 입력된 데이터베이스를 이용해서 해당하는 단어를 바꾸는 방식이었다. 반면 이번에 출시한 '구글 인공신경망 자동번역'은 전체 문장을 인식하고 문맥을 파악한 후 가장 타당한 결과를 추리고 다시 사람이 말하는 것처럼 문장을 재구성한다. 전문가들이 번역을 할 때 문맥 위주로 의역하는 과정과 유사하다. 또한 학습하는 과정에서 인공신경망 간의 연결을 수정해 번역 성능을 향상시킬 수 있다. 구글에 따르면 번역 비교 테스트 결과 기존 대비 번역 오류를 60% 이상 줄였다.

자연어 처리 기술 발전은 인공지능 번역 기술에서 매우 중요하다. 이를 바탕으로 음성인식 기술과 자연어 처리 기술이 결합해 인간의 말을 알아듣고 반응할 수 있는 인공지능 서비스를 개발할 수 있다. 수십 년간의 기술 발전에도 불구하고 컴퓨터와 사람이 소통하는 방식은 큰 변화가 없었다. 사람이 자판을 통해 내용을 입력하면 화면을 통해 결과를 전달받는 방식이었다. 하지만 인공지능을 기반으로 음성인식 기술과 자연어 처리 기술이 결합되면 이러한 소통 방식은 획기적으로 바뀐다. 자연어 처리 인공지능 기술을 적용하면 인터넷 상에 존재하는 다양한 빅데이터의 가치가 달라진다. 현재 인터넷 상에 존재하는 빅데이터 중 컴퓨터가 인식 가능한 일정 형식의 정형 데이터는 10% 정도도 되지 않는다. 90% 이상은 사람만이 의미를 파악할 수 있는 비정형 데이터다. 만약 인공지능 기술이 발전하여 사진, 음성, 영상과 같은 비정형 데이터를 사람보다 더 똑똑하게 해석하고 이를 처리할 수 있게 되면 엄청난 비즈니스 기회가 발생하는 것이다.

미국은 정부, 대기업, 벤처기업 등을 중심으로 인공지능 산업

생태계를 가장 활발히 구성하는 나라다. 2016년 하반기 기준 900여 개 스타트업 중 절반 이상이 실리콘밸리에 있다. 딥러닝을 이용해 응용 영역에 인공지능을 접목하는 형태의 개발 업체는 200여 개로 가장 많으며, 자연어 처리 기술 개발 업체는 120여 개로 그 뒤를 잇는다. 인공지능 전체 시장 규모는 2020년 41억달러에 육박하고 자연어 처리 시장은 연평균 30% 성장할 전망이다. 기술 발전 초입 단계인 만큼 주요 기업들은 시장 지배력 강화와 자사 중심의 자연어 처리 시장 선점을 목표로 한다. 현재 구글, IBM, 마이크로소프트 등은 자동번역 및 자연어 처리 기술을 누구나 사용할 수 있도록 오픈 소스로 제공한다. 기반 기술을 제공함으로써 자사의 번역 기술을 활용하는 사용자가 급증할수록 빅데이터와 기계학습 알고리즘을 기반으로 번역 시스템 품질이 향상되기 때문이다.

인공지능 기술을 선점한 글로벌 정보기업들은 이를 활용한 서비스 기술과 상품 개발에도 박차를 가하고 있다. 인공지능을 적용한 대표 기술로 주목 받고 있는 자율주행자동차는 사실상 자동차라기보다는 슈퍼컴퓨터라고 할 수 있다. 고성능 센서와 카메라로 주변 사물과 정보를 인공지능을 통해 빠르고 정확하게 처리하기 때문이다. 인공지능 알고리즘의 정확도를 개선하기 위해 자율주행자동차를 개발 중인 회사들은 매일 거리에서 실전 주행 테스트를 하고 있다. 더욱 안전한 자율 주행 자동차를 만들기 위해 차량 간 소통을 위한 새로운 통신 방식도 개발 중이다. 수십년 안에 거리와 도로는 자율주행자동차라는 슈퍼컴퓨터로 가득 채워질 것이다.

움직이는 슈퍼컴퓨터가 실시간으로 쏟아낼 데이터를 생각해보라. 세상을 바꾸는 또 하나의 엄청난 빅데이터가 쌓이는 것이다. 자율주행자동차 기술이 상용화되면 굳이 차를 소유하지 않아도 되어 불필요한 차량 90%를 줄일 수 있고 주차 공간, 도로 비용도 절감할 수 있으며, 사고율도 획기적으로 줄일 수 있다. 차량 운행 알고리즘을 최적화하여 불필요한 연료 낭비도 막을 수 있다. 자율주행자동차 기술에 따른 경제 효과를 산출하면 미국 기준으로 1년에 1.3조 달러를 절감할 수 있다고 한다. 이는 미국 1년 예산의 약 30%에 해당하는 엄청난 규모며, 전세계적으로는 약 5.8조 달러의 경제 효과가 추산된다. 전문가들은 2025년 이후에는 자율주행자동차 기술이 상용화될 것으로 전망하고 있다.

글로벌 기업들이 당장 돈이 되지 않는 미래 기술 개발에 적극적인 이유는 시장을 직접 창출하기 위해서다. 과거에는 정부가 첨단 산업을 발굴하면 민간 기업들이 뛰어들어 경쟁하는 형태였지만 이제는 기업이 정부를 앞서기 시작했다. 현재 미래 산업으로 주목받는 드론(무인 비행체)과 자율주행차도 미국 국방부 산하 방위 고등

연구 계획국(DARPA: Defense Advanced Research Projects Agency)이 주최한 'DARPA 챌린지'에서 시작됐다. 인터넷이나 컴퓨터 등도 원래 군사용 기술이었지만 민간 기업들이 사업화했다. 그러나 기술 발전 속도가 빨라지면서 이제는 막대한 자금을 가진 기업들이 기존에 없던 새로운 기술과 시장을 창출하기 시작한 것이다. 증기기관은 영국에서 발명했지만 자동차 기술의 성공은 오히려 독일이나 프랑스에서 발전시켜 미국에서 꽃을 피웠다. 드론도 미국이 군사용 기술로 시작했지만, 정작 세계 시장 점유율 1위를 차지한 업체는 '드론계의 애플'이라고 불리는 DJI라는 중국업체다. 최근 글로벌 IT 기업들은 실패 위험이 높은 기술 개발에 더 많은 돈을 쏟아 붓고 있다. 신기술을 개발해 시장을 선점하지 않으면 살아남을 수 없다는 절박감의 발로다. 앞으로는 빅데이터와 인공지능으로 신기술을 개발한 기업이 시장에서 독점적 지위를 차지할 수 있기 때문이다.

미래에는 글로벌 경쟁의 패러다임조차 바뀔 것이다. 독점적 지위는 기업 생존에 엄청나게 중요하다. 각 산업혁명마다 주도권을 장악하여 그 혁명의 주인공이 된 나라와 숨은 수혜자가 있다. 1차 산업혁명은 증기기관을 발명하여 방직기, 방적기(실 뽑는 기계)를 도입한 영국이 주인공이었다. 방적기 혁명으로 노동자 한 사람이 1파운드 면화에서 실을 뽑는 데 걸리는 시간이 500시간에서 3시간으로 단축되었다. 그런데 정작 돈을 번 사람은 방직기, 방적기 업자가 아닌 양모업자였다. 방직기 사업은 독점이 아니었기에 너도 나도 뛰어들어 방직기를 만들었다. 하지만 양모는 영국산만 쓰도록 독점권을 제공했다. 영국의 양모업자들은 그야말로 대박이 났다. 2차 산업혁명은 전기동력과 자동차 혁명을 일컫는다. 그런데 증기기관을 발명하여 산업혁명을 일으킨 영국은 정작 2차 산업혁명의 주인공이 되지 못했다.

- 자동차에는 반드시 기수 한 명이 타야 하고 기수는 붉은 깃발을 흔들며 자동차를 선도해야 한다.
- 말과 마주친 자동차는 정지해야 한다.
- 말을 놀라게 하는 연기나 증기를 내뿜으면 안 된다.
- 자동차는 시가지에서 시속 3km로 달려야 한다.

지금 보면 코미디 같은 이 규정은 1865년 영국에서 제정된 자동차 규제법 내용이다. 영국 마차업자들이 자기들의 수익을 지키기 위해 정치권에 각종 로비를 해서 만든 조항들이다. 이처럼 영국이 각종 규제로 자동차 산업의 발목을 잡는 사이 자동차를 산업화에 성공시킨 나라 미국과 독일이 2차 산업혁명의 주인공이 되었다. 그런데 자동차 산업 발전으로 정작 돈을 번 사람은 누굴까? 바로 석유왕 록펠러다. 그는 스탠더드 오일이라는 회사로 석유사업을 독점, 미국 석유시장의 98%를 점유하여 미국의 반독점법인 셔먼법이 만들어졌다.

3차 산업혁명은 컴퓨터의 발명과 인터넷의 보급으로 만들어진 정보혁명이다. 3차 산업의 주인공은 단연코 미국이다. IBM, 애플을 비롯한 미국의 컴퓨터 회사들이 세계를 제패했으니 말이다. 하지만 정작 돈을 번 회사는 PC 운영체제를 개발, 독점한 마이크로소프트다. 컴퓨터는 독점이 아니었지만 MS는 거의 독점적 지위로 전세계의 컴퓨터를 제패했다. 3차 산업혁명은 MS의 시대였다고 볼 수 있다. 또 다른 숨은 수혜자로 반도체를 만드는 삼성과 인텔이 있다. 컴퓨터는 독점이 아니어서 수많은 곳에서 만들었지만 모두 인텔과 삼성의 반도체를 탑재했으니 가히 독점적 1위 사업자였다.

하지만 컴퓨터 산업이 스마트폰 모바일 중심으로 급격히 바뀌면서 다시 변화가 일어났다. 모바일 시대를 제대로 준비하지 못한 MS와 인텔은 현재 추락하고 있다. 특히 인텔은 초기 아이폰에 사용될 CPU 제작을 의뢰 받았지만 수익성을 핑계로 이를 거절했다. 이는 가장 뼈아픈 실수로 기억될 것이다. 애플은 아이폰 덕택에 모바일 기기의 강자로 다시 살아났고 구글도 안드로이드라는 스마트폰 운영체제 덕분에 애플과 경쟁하게 되었다. 한편 스마트폰의 폭발적인 성장으로 폭스콘, 화웨이 같은 중국의 제조 기업들이 빠르게 성장했다.

그렇다면 4차 산업혁명의 주인공은 누가 될까? 구글, 페이스북, 애플, 아마존은 빅데이터와 인공지능 같은 지능 정보 기술을 바탕으로 이미 전세계에서 독점적 지위를 구축하고 있다. 화웨이, 바이두, 알리바바, 텐센트, DJI 같은 중국 기업들은 미국 IT 기업을 벤치마킹하며 무섭게 추격 중이다. 손정의 회장은 소프트뱅크가 더는 모바일 이동통신 회사가 아닌 '정보 혁명 회사'임을 선언하고 인공지능 기술과 로봇기술을 보유한 회사들을 적극 인수하고 있다. 시가 총액 2천조 회사를 만들겠다는 것이 손 회장의 목표다. 이들 기업은 정보지능 기술의 중요성을 이해하고 관련 시장을 선점하기 위해 노력한다는 공통점을 갖고 있다. 새로운 산업의 주인공일뿐만 아니라 직접적인 수혜자도 되겠다는 전략이다.

이처럼 각 산업혁명의 주인공이 된 국가와 산업 또는 회사를 살펴보면, 결국 그 시대의 주인공 국가는 다름 아닌 그 나라의 기업이 이끌어가는 산업이었음을 알 수 있다. 반도체를 만든 나라가 아닌 반도체를 만든 기업인 것이고, 구글의 안드로이드나 애플의 iOS같이 소프트웨어를 만든 나라가 아닌 기업이 주인공이다. 이 사실은 우리에게 매우 중요한 점을 시사한다. 앞서 표현한 것처럼 '정신을 차리고' 이 사실을 직시해야 한다. '구분'을 잘해야 한다는 뜻이다. '국가'가 아니라 '기업'이라는 사실을.

# 국민(國民)의 종말,
# 기업민(企業民)의 시대

인간의 두뇌 능력에는 지능과 의식, 감정 등이 있다. 인공지능에게 지능에 해당되는 일자리를 빼앗긴다면 인간의 고유 영역인 의식이나 감정을 이용해서 새로운 일자리를 만들어야 하지 않은가 라고 생각할 수 있다. 감정이나 예술 그리고 창의성 같은 분야 말이다. 그렇다면 우리 모두 미래에 살아남기 위해 창의적인 아티스트가 되어야 하는 걸까?

비록 인공지능이 스스로 감정이나 의식을 갖지 못하겠지만 사람의 감정을 논리적으로는 이해할 수 있을 것이다. 사람의 감정 변화는 목소리나 얼굴 표정, 몸짓 같은 비언어적 요소들로 충분히 파악되기 때문이다. 이는 충분히 데이터로 전환할 수 있는 것들이며 수많은 빅데이터를 바탕으로 인공지능이 오히려 더 사람의 마음을 정확히 파악할 수 있게 된다. 딥러닝 인공지능을 탑재한 거짓말 탐지기를 상상해보자. 기존의 거짓말 탐지기는 결국 데이터를 해석하는 전문가의 직관과 판단에 의존해야 하지만 딥러닝 인공지능을 탑재한 거짓말 탐지기는 학습 빅데이터를 바탕으로 매우 정확하게 거짓말 여부를 판별할 수 있을 것이다.

심지어는 인간의 고유 영역으로 여겨지는 창의성조차도 인공지능에게 상당 부분 점령 당할 가능성이 높다. 인간들이 갖게 되는 새로운 생각들은 갑자기 하늘에서 뚝 떨어지는 것이 아니다. 대부분의 경우 이전 세대나 이전 연구자들이 해오던 내용을 바탕으로 다양한 조합이나 추가 및 삭제의 과정을 통해 다듬어지는 과정에 있다. 물론 당분간은 인간과 인공지능이 협업하는 체제로 운영될 것이다. 중요한 결정은 사람이 하고 인공지능을 보조로 활용할 것이다. 하지만 일정 수준을 지나면 인간은 인공지능을 따라잡을 수 없게 된다.

예를 들어 의사 한 명을 만들려면 최소한 10년 이상 걸린다. 또 다른 의사를 만들려면 같은 비용과 과정을 반복해야 하지만, 인공지능 의사 프로그램은 한 번 만들면 같은 비용이 다시 들지 않는다. 최신 의학 연구 결과나 데이터로 업데이트하기도 쉽고 휴대폰 같은 모바일 기기만 있으면 누구나 언제 어디서든지 최고의 서비스를 저렴한 비용으로 받을 수 있다. 경제적 관점에서 인공지능을 사용하는 것이 훨씬 유리해진다. 이미 워드스미스 같은 인공지능이 스스로 사실 위주의 신문 기사를 작성하고, 지진이 발생할 경우 실시간으로 지진 관련 기사를 작성하여 온라인에 게재하고 있다.

유씨산타크루즈(UC Santa Cruz) 대학의 음악 교수 데이비드 코프(David Cope)는 바흐 스타일의 작곡을 할 수 있는 인공지능을 개발했다. 개발에 무려 7년이나 걸렸지만 완성된 인공지능은 하루에만 무려 5천 개의 곡을 스스로 만들었다. 지속적인 개선 작업으로 베토벤, 쇼팽, 스트라빈스키 풍의 작곡도 해내기 시작했다. 이 소식을 들은 오레곤대학 교수 스티브 라슨은 음악 인공지능에 도전장을 내밀었다. 바흐의 작품, 인공지능의 작품 그리고 본인의 작품 세 곡을 연주한 다음, 누가 어떤 곡을 작곡했다고 생각하는지 대중의 평가를 받자고 제안했다. 그는 인공지능이 감히 사람의 영혼을 이해하는 음악을 만들 수 없으며 대중도 이를 구분할 것이라고 확신했다.

공연 당일 수백 명의 음악 평론가, 학생 및 팬들이 호기심을 품고 오레곤대학 연주홀에 모였다. 결과는 어땠을까? 청중들은 인공지능의 작품을 바흐의 것으로 생각했고 바흐의 작품을 라슨 교수가 작곡한 것으로, 라슨 교수의 작품을 인공지능이 작곡한 것으로 판단했다.

구글은 인공지능 화가 '딥드림(Deep Dream)'을 개발했다. 이름에 걸맞게 깊은 꿈속, 완전한 무의식의 세계에서나 나올 법한 환상적이고 초현실적인 분위기를 거침없이 그려낸다. 이미지 생성은 원래 있던 사진이나 그림을 토대로 이뤄지며, 이 과정에서 딥드림은 원래 의도된 이미지의 형태만을 과장하고 그 외의 요소는 무시해 이미지를 왜곡해낸다. 아무 의미도 없는 노이즈 이미지에 반복적으로 절차를 시행해 이미지를 생성하기도 한다. 구글은 이를 두고 "우리는 인공지능이 예술 영역에까지 깊이 영향을 줄 수 있는 혁신이라고 생각한다"고 말한다.

이처럼 창의적인 예술 영역에까지 인공지능이 침투한다면 앞으로 우리는 무슨 일을 하면서 살아야 할까? 일할 기회를 갖지 못한 인류들이 생존할 수 있는 방법을 고민하는 시대가 오고 있다. 미래에는 어떤 나라의 국민으로 사는지보다 어떤 회사에서 무슨 일을 하는지가 더 중요해질 가능성이 높다. 앞서 언급한 대로 각 시대를 이끌고 주인공이 된 나라가 있었다. 그 나라가 그 시대의 주인공이 되었다는 말은 그 시대의 주인공이 된 기업을 배출한 나라라는 뜻이다. 즉, 그 기업이 속한 나라를 의미하지 나라 자체를 의미하는 말이 아니다. 향후 엄청난 인공지능 기술을 보유한 글로벌 기업들은 눈부신 실적과 함께 전 세계에 영향을 끼칠 수 있는 힘을 가질 것이다. 결국 강력한 글로벌 기업들은 국가의 역할을 상당히 가져갈 것으로 전망된다.

예전에는 국가가 주도해서 산업을 일으켰다. 우리나라도 박정희정부 시절부터 경제개발 5개년 계획을 수립하면서 철강산업이나 중화학공업 육성 등을 일으키며 정부가 나라의 산업을 주도했다. 그러나 이제는 글로벌 기업들이 새로운 산업을 주도해나가고 있다. 국가나 정부는 글로벌 기업들이 창출한 새로운 산업이나 시장의 흐름을 뒤쫓아가기도 바쁜 실정이다. 마치 중세 봉건시대에 지역 영주의 보호를 받으며 농사를 짓는 것이 어느 나라의 국민인지보다 중요했던 것과 같은 맥락이다. 차이점이 있다면 봉건시대 농사꾼은 영주를 선택할 기회와 권리가 없었지만 미래에는 사람들이 원하는 기업을 선택할 수 있다.

글로벌 기업들이 필요로 하는 기술과 관련된 지식을 보유한 사람들은 더욱 많은 고용의 기회와 창업의 기회를 누리지만 그렇지 못한 사람들은 아예 기본 고용의 기회조차 박탈당할 가능성이 크다. 글로벌 기업을 많이 보유한 나라는 이들 기업에게 많은 세금을 부과해서 일할 기회를 갖지 못한 사람들에게 기본 복지라도 제공할 수 있겠지만, 아예 그런 기업조차 갖지 못한 빈국들은 복지 재원을 마련할 수조차 없다. 심지어 글로벌 기업들은 세금 면제 혜택을 제공하는 신생 국가로 이동해버릴 수도 있다. 결국 힘과 자본 그리고 기술을 가진 글로벌 기업을 중심으로 거기에 속한 '호모 에이아이시스'와 그렇지 못한 호모사피엔스들 간의 생활 격차는 더욱 벌어질 수밖에 없다.

# 21세기
## 불로초

중국을 최초로 통일한 진시황제가 그토록 찾고 싶어 했던 불로초의 이야기는 다들 잘 알 것이다. 진시황은 불로초를 구하기 위해 동남동녀 3천명을 선발하여 세계 각지로 보냈다. 일명 '불로초 원정대'인 셈이다. 원정대 대장은 서복(徐福 또는 서불徐市이라고도 함)이었다. 그가 이끄는 원정대는 불로초가 있다는 전설의 삼신산 중 하나인 영주산(지금의 한라산)을 찾았다. 영주산의 제일 비경인 정방폭포 해안에 정박한 원정대는 한라산에 올랐고 불로초를 찾지 못한 채 다시 항해를 떠난다. 이때 정방폭포에 "서불이 여기를 지나 갔다"는 '서불과지(徐市過之)'를 새겨놓았다. 서귀포(西歸浦)라는 이름도 여기서 유래했다고 전해진다.

어떤 생명도 죽음을 피할 수 없다. 인류는 죽음을 불가항력적으로 받아들이고 그저 거기에 어떤 의미가 있는지 종교적으로 다양한 의미를 부여하며 살아왔다. 하지만 앞으로 50~100년 후에는 죽음은 더 이상 종교적인 문제가 아니라 기술적인 문제로 바뀔 것이다. 죽음은 노화의 비밀에 달려 있는데, 인류가 노화의 비밀을 밝혀내는 것은 시간 문제다. 최근엔 약 10만원 정도의 비용으로 세포 나이를 파악하는 기술까지 등장했다. 세포 내에 존재하는 사람 염색체(chromosome)의 끝에는 '텔로미어(telomere)'라는 말단 소립이 있는데 이는 염색체가 열화되거나 다른 염색체와 섞이는 것을 막아주는 역할을 한다. 나이가 들면 이 텔로미어가 짧아지면서 병에 걸리거나 노화가 진행된다. 이 비밀을 밝히면 궁극적으로 노화를 늦추거나 방지할 수 있다.

〈네이처〉는 젊은 인간의 혈장에서 발견된 단백질이 늙은 쥐의 뇌기능을 향상시킨다는 스탠퍼드대 연구진의 논문을 게재했다. 신생아의 탯줄 조직에 있는 혈액인 제대혈에서 분리한 혈장을 늙은 쥐의 정맥에 주입한 결과 늙은 쥐의 학습 능력이 향상되었다. 이 혈장 속에 있는 특별한 단백질 TIMP2가 기억을 관장하는 해마 영역에서 뇌신경 간의 연결을 강화시키는 역할을 한 것이다. 이는 알츠하이머 같은 뇌 질환을 방지하거나 치료할 수 있는 가능성을 보여준다. 구글의 헬스케어 자회사 '캘리코(Calico)'는

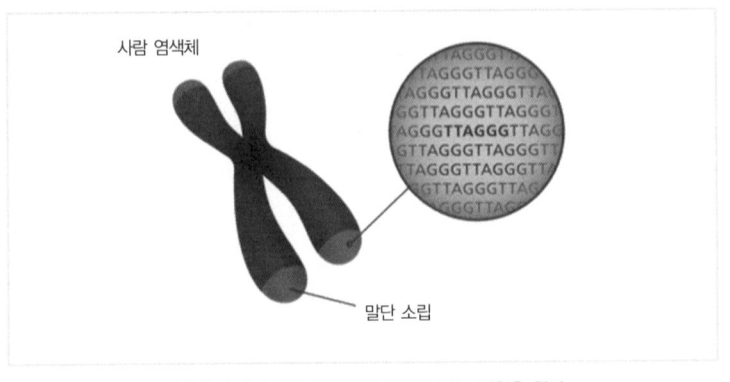

사람 염색체

말단 소립

염색체 말단 소립은 염색체의 열화를 막는 역할을 한다

2015년 15억 달러(약 1조 5600억원)를 공동 투자하여 노화방지 연구기관을 설립했다. 노화를 일으키는 세포를 탐지해 세포의 노화를 막는 치료제 개발을 목표로 하며, 나아가 인공지능이 환자 정보를 정밀하게 학습해 환자 개인 특성에 맞는 치료제를 제시하는 방법을 연구한다.

캘리코는 벌거숭이 두더지쥐도 연구 중이다. 아프리카 동부 지역에 사는 이 동물은 몸길이가 8cm에 이름 그대로 털이 거의 없다. 개미처럼 땅속에서 우두머리 암컷을 중심으로 집단생활을 하는 보잘것없는 동물이지만 수명은 32년으로, 같은 크기의 다른 쥐보다 10배 이상을 산다. 사람으로 치면 800세 이상 사는데 암에 걸리지도 않고 통증도 느끼지 않는다. 과학자들은 벌거숭이 두더지쥐가 세포 변형을 막는 물질을 만들어내 암세포가 증식하지 못하게 한다는 사실을 밝혀냈다. 이 비밀을 사람에게 적용하는 비법을 찾아낸다면 인간은 암을 막을 수 있고 노화까지 예방할 수 있다.

인공지능 바둑 프로그램 알파고를 만든 영국의 딥마인드는 최근 영국 국립보건서비스에 등록된 160만 명의 의료 정보를 인공지능에 학습시키는 프로젝트를 진행 중이다. 바둑에서 방대한 양의 기보(棋譜)를 학습한 것처럼 머신러닝 기술을 이용해 각종 진료 기록과 X레이 사진을 익혀 이를 통해 각종 질병을 조기에 진단하는 의료 시스템을 구축하겠다는 것이다. CEO 데미스 허사비스는 이달 초 알파고와 커제의 대국이 끝난 뒤 "이제는 알파고를 이용해 인류에 도움이 되는 새로운 분야를 개척하겠다"고 말했다. 딥마인드는 영국의 안과 전문 병원 무어필드가 보유한 100만 건의 안구 스캔 기록에 대한 접근권도 확보하여 안질환 데이터 연구도 착수했다. 미국 IBM은 '메디컬 시브'라 불리는 의료용 알고리즘을 개발 중인데 이는 종양 진단에 특화된 인공지능 왓슨에 이은 차세대 프로젝트다. IBM 측은 의료진을 돕기 위해 추론 능력을 갖춘 차세대 인공지능 어시스턴트 개발을 목표로 하며, 향후에는 인공지능이 X레이 사진을 판독하고 심장의 이상 유무를 판단하게 될 것이라고 말한다. 마이크로소프트는 오리건 의대 암 연구소와 함께 종양 진행 상태에 대한 이미지 분석을 통해 인공지능이 가장 효과적인 약물치료 옵션을 제공하는 하노버 프로젝트(Project Hanover)를 진행하고 있다.

애플은 최근 30여 명의 전문가로 '글루코스(glucose · 당분) 팀'을 꾸려 피를 뽑지 않고 빛으로만 당뇨환자의 혈당을 측정하는 스마트워치를 개발 중이다. 레이저가 혈액 속 당분과 부딪쳐 산란되는 형태를 분석해 혈당 수치를 알아내는 원리이다. 당뇨로 고통 받고 있는 전세계 3억 7,100만 여 명의 필수품이 될 전망이다. 북미 최대의 위성라디오 기업인 시리우스 위성 라디오의 창업자 마틴 로스블랫은 자신이 설립한 바이오기업 유나이티드 세라퓨틱스를 통해 환자의 DNA로 이식용 장기를 합성하고, 뇌 정보를 컴퓨터에 옮겨 수명의 한계를 없애는 연구를 하고 있다. 오라클의 공동창업자 래리 엘리슨은 자신의 이름을 딴 의학재단을 세워 3,000억 원 이상을 노화 연구에 투자했다. 아마존 창업자인 제프 베조스와 페이팔 창업자인 피터 틸은 노화세포를 없애 수명을 연장하겠다는 유니티 바이오테크놀로지에 1,300억 원을 투자했다. 이 회사는 곧 관절염 환자를 대상으로 임상시험에 들어갈 계획이다.

옛날 중국의 전설적인 명의인 편작(화타)이 있었다. 어느 날 위나라의 임금이 편작에게 물었다. "그대 3형제 중 누가 병을 잘 치료하는가?" 그러자 편작은 이렇게 대답했다고 한다.

"큰형님은 병이 나기도 전에 얼굴빛을 보고 병의 원인을 미리 제거하여 환자는 병이 나기도 전에 치유를 받게 되어 의술이 가장 훌륭한데도 소문이 나지 않고, 둘째 형님은 환자의 병세가 미미한 상태에서 병이 더 커지기 전에 치료해주어 환자는 큰 병을 낫게 해주었다고 생각하지 못합니다. 저는 병이 커져서 환자가 고통에 신음할 때가 되어서야 약을 먹이고 살을 도려내는 수술을 통해 치료합니다. 그래서 사람들은 제가 큰병을 고쳐주었다고 생각해서 명의로 소문나게 되었습니다."

최고의 명의는 병을 잘 치료하는 사람이 아니고 병이 나기도 전에 예방해주어 건강하게 살게 해주는 이라는 말이다. 이 최고의 명의가 이제 곧 현실화될 전망이다. 인공지능이 빅데이터 분석을 통해 각종 질병의 원인을 밝혀내고 질병 유전자를 찾아내 미리 예방하게 해주는 기술이 개발 중이다. 글로벌 컨설팅기업 액센츄어는 최근 보고서에서 인공지능 의료시장이 2014년 6억 달러(6,761억 원)에서 2021년 66억달러(7조 3,900억 원)까지 10배 이상 급성장하리라 전망했다. 이를 통해 2026년에는 미국에서만 연간 1,500억 달러(169조원)의 의료비를 절감할 수 있다는 것이다.

전세계 헬스케어 시장은 반도체와 자동차를 합친 것보다 크다. 특히 DNA 데이터 같은 대규모 정보가 쏟아지면서 인공지능과 빅데이터 분석 기술을 갖춘 IT 기업들이 바이오 산업에서 더욱 두각을 나타낼 것이다. 노화방지와 생명연장 기술은 새로운 제약분야인 '바이오 생명공학(biotechnology)'과 '생체전자공학(bioelectronics)'의 핵심 과제다. 바이오 생명공학은 생물의 유전, 생존, 성장, 자기제어, 물질대사, 정보인식 · 처리 등을 연구하고 공학적으로 응용하여 인간의 삶에 필요한 대상을 만드는 것이다. 생체전자공학이란 한 단계 더 나아가 생물공학과 전자공학을 합친 학문이다. 이 분야에서 가장 활발히 연구 중인 제품은 바이오 센서와 바이오칩이다. 가령, 미생물과 실리콘칩을 합해 살아 있는 세포로 획기적인 암 진단 센서를 만들 수 있다. 단백질 등의 생체성분으로 바이오칩을 설계해 컴퓨터 소자로 사용할 수도 있다. 인체의 감각과 운동 신경에 문제가 생기면 이를 전기적 시스템을 이용해 치료할 수 있는 길이 열린다. 일례로 파킨슨병에 걸리면 뇌의 신경전달물질인 도파민이 소실되어 몸이 떨리고 경직돼 정상적으로 움직일 수 없는데, 뇌 구조물에 전극을 삽입해 자극을 주면 장애를 치료할 수 있다. 청각환자나 실명환자도 전기 자극으로 청력이나 시각기능을 회복할 수 있다. 인공지능과 생명공학 그리고 생체전자공학이라는 새로운 엔진을 장착한 글로벌 기업들이 무서운 속도로 미래를 선점하기 위해 치열한 레이스를 펼치고 있다.

문제는 인공지능과 생명공학이라는 기술의 특성상 유리한 고지를 선점한 기업이 시간이 지날수록 더 많은 데이터를 확보하며 거의 독점적 지위를 갖는다는 점이다. 과거에는 신사업에 성공한

벤처 사업가에게 그저 부와 명예가 대가로 주어졌다면, 향후 인공지능 기술을 바탕으로 신사업에 성공하는 기업들은 기존 산업의 체계를 획기적으로 바꾸며 유일무이한 승자독식의 기회를 갖는다.

〈타임〉지는 2045년이 되면 인류가 영생불멸의 존재가 될 것이라는 특집 기사를 게재한 적이 있다. 진시황제가 그토록 찾던 불로초는 수천 명의 원정대를 통해 발견하고자 했던 한약재가 아니라, 하루가 다르게 진보하는 인공지능과 생명공학 기술이다. 하지만 모든 인류에게 이런 혜택이 돌아가지는 않을 것이다. 이러한 신기술들은 힘과 권력을 가진 사람들의 전유물이 될 가능성이 높다. 전세계를 좌우할 수 있는 힘과 영원불멸의 생명을 가진 존재, 바로 인류가 오랫동안 신이라고 믿어왔던 존재 아닌가? 인공지능을 새로운 도구로 활용하는 호모 에이아이시스는 궁극적으로 생물학적인 한계조차 극복하며 신인류로 진화할 것이다.

# 호모 에이아이시스의
진화

생물학적 한계를 뛰어넘은 호모 에이아이시스는 인공지능 기술을 활용한 사람과 컴퓨터의 접속 기술인 휴먼 인터페이스를 만들어 낼 전망이다. 최근 뇌 과학 및 인지과학 기술의 발전 덕택에 뇌의 중요한 작동 원리와 역할이 세포 단위로 속속 밝혀지고 있다. 인간의 뇌가 컴퓨터에 접속되면 이전에 존재하지 않던 새로운 형태의 생명체가 탄생할 수 있다. 인간의 마음과 지식이 빅데이터로 전환될 수도 있고, 기계로 구성된 몸에 인간의 의식이 접목된 사이보그가 탄생할 수도 있다.

영화 '인셉션'에는 사람의 꿈 속에 침투하여 그 사람의 마음을 해킹하는 장면이 나오는데 이는 먼 미래에 현실화될 수도 있다.

'매트릭스'에서는 필요한 정보와 기술을 뇌에 다운로드받는 장면이 나온다. 헬기를 조종해야 하는 위기의 순간에 헬기 조종법을 한 순간에 뇌로 다운로드해서 헬기를 몰고 나간다든지, 전혀 모르는 외국어를 다운로드해서 유창하게 그 언어를 사용한다든지 말이다. 마치 아이폰의 iOS처럼 필요한 뇌 영역만 손쉽게 업데이트할 수도 있을 것이다.

1995년 오시이 마모루 감독의 '공각기동대'는 이러한 과학적 허구를 다룬 애니메이션이다. 주인공 쿠사나기 소령은 끊임없이 자신의 존재에 대해 고민한다. 그녀는 기계 몸체에 인간의 뇌를 연결시킨 '전뇌화'된 특별 사이보그다. 전뇌라는 것이 뇌와 나노컴퓨터로 구성된 하이브리드 시스템이다 보니 어디까지가 나 자신이고 어디부터가 기계인지 혼란스러운 것이다.

— "사실 내 진짜 몸은 옛날에 죽었고 지금의 나는 쿠사나기라고 생각하는 사이보그가 아닐까라는 생각을 할 때도 있어."

쿠사나기는 사람들의 뇌를 해킹하여 주가 조작, 암살 등 다양한 범죄를 일으키는 유명한 해커 범죄자 인형사(Puppet Master)를 추적하는 임무를 맡고 있다. 그녀는 추적 과정에서 인형사가 자의식을 가진 인공지능임을 알게 되고 인형사를 제거하려는 정부 특수 조직의 위협에 노출된다. 그러던 중 우여곡절 끝에 그녀의 의식과 인형사라는 인공지능이 합쳐져 새로운 존재로 태어난다. 정보 기술의 태동기였던 1995년에 먼 미래를 이처럼 상세하게 그려낸 것도 흥미롭지만 인간의 의식과 존재에 대한 철학적 통찰은 더욱 놀랍다. 향후 기술의 발전으로 우리의 몸과 뇌가 끊임없이 개선되고 유지 보수될 수 있다면 과연 인간의 참모습은 무엇으로 정의해야 할지 난감해진다.

실제로 특정 뇌세포나 뇌영역을 자극하여 인지 능력을 획기적으로 개선하는 시도들이 이루어지고 있다. 미 육군은 군인들의 상황 판단 능력과 인지 능력을 획기적으로 개선하기 위한 실험을 진행 중이다. 특수 개발된 헬멧을 쓰고 모의 실전 사격 실험을 통해 효과를 검증하는 형태의 프로그램이다. 효과에 대해서는 아직 논란이 있지만 이 실험에 참가한 샐리 아디라는 기자는 매우 특별한 경험을 했다. 처음에 헬멧 없이 모의 연습을 했을 때 그녀는 두려워서 제대로 사격조차 할 수 없었지만, 잠시 후 특수 헬멧을 쓰자 마음이 차분해지는 것을 느꼈다. 사격 훈련이 시작되고 그녀는 감정의 동요 없이 눈 앞에 보이는 가상의 적들을 침착하게 제거해 나갔다. 마침내 불이 켜지고 실험이 종료되었다. 그녀는 아무런 두려움조차 느끼지 못했고 시간이 너무 빨리 지나갔다는 것을 깨달았다. 놀랍게도 그녀는 단 한 명의 적도 놓치지 않았다.

1998년 미국 에모리 대학과 독일 튀빙겐 대학 연구자들은 전신 마비 환자의 두뇌에 소형 유리 전극을 삽입하고 반대쪽 끝을 컴퓨터에 연결해 환자가 생각만으로 커서를 움직이는 데 성공했다. 2006년 미국 브라운 대학의 신경과학자 존 도너휴가 개발한 브레인게이트는 한발 더 나아가 사지마비 환자들이 혼자 TV 채널을 돌리고 이메일과 컴퓨터게임을 이용하며 생각만으로 휠체어를 다루게 해주었다. 심지어 피실험자 중 한 사람은 불과 하루 만에 조작법을 습득했다. 2012년 피츠버그 의대는 전신마비 환자의 뇌에 96개의 전극이 달린 전자 칩을 삽입, 이미지 트레이닝으로 손동작을 연습한 끝에 로봇 팔을 움직여 초콜릿을 베어먹을 수 있게 했다.

아주 먼 미래에는 뇌 과학을 정복한 호모 에이아이시스가 전지구적인 생존을 위협하는 문제들에도 관심을 가질 전망이다. 더는 인류가 지구 상에 존재하는 것이 불가능할 시점을 준비하여 우주 탐사와 우주 식민지 건설을 준비할 것이다. 스페이스 X 회장 엘론 머스크는 이러한 비전을 이미 밝힌 바 있다. 화성 이주에 필요한 최첨단 기술 개발이 진행 중인데다 단계별 세부 계획까지 마련되어 있기 때문이다. 그가 학술지 〈뉴 스페이스(New Space)〉에 게재한 보고서 '인류를 다행성 종족으로 만들기(Making Humans a Multiplanetary Species)'에 따르면 스페이스 X는 재사용이 가능한 로켓과 행성 간 교통 시스템 우주선을 만들어 지구와 화성 사이를 오가도록 할 계획이다.

개발 중인 초강력 랩터 엔진 42개를 장착한 재사용 로켓은 개당 1천 회 우주비행을 할 수 있도록 설계한다. 이 로켓을 이용해 우주선과 연료탱크를 궤도에 안착시켰다가 26개월마다 지구와 화성이 일직선 상에 위치할 때 한꺼번에 화성으로 보낸다는 구상이다. 엘론 머스크는 1천 개 이상의 ITS 우주선을 만들어 매회 100명 이상의 승객을 실어 나르면 앞으로 50~100년 안에 100만 명이 사는 화성 식민도시를 건설할 수 있다고 전망한다. 국가가 주도하던 우주개발 사업이 기업으로 옮겨지는 신호인 셈이다. 최근 스페이스 X는 이전 NASA에서 만든 뚱뚱한 우주복과 다른 날씬하고 더 세련된 우주복을 선보여 화제가 되기도 했다.

인류가 수백만 년 동안 진화를 거듭하며 눈부신 문명의 발전을 이룩했지만 근본적인 생물학적 한계는 벗어나지 못했다. 그러나 호모 에이아이시스는 이러한 생물학적 한계를 벗어날 것으로 전망된다. 뇌 과학을 통해 증강된 지능을 가진 존재로 진화할 수도 있고, 선택적으로 기계화된 신체 일부를 가질 수도 있다. 고도로 발전될 인공 의식과 데이터화를 통해 그 경계선을 지구에서 우주로 확대해 나갈 수도 있다.

# 생각을 잃어버린
## '생각하는' 인간?

인공지능 기술 덕분에 스마트폰은 더욱 똑똑해지고 있다. 스마트폰 안에 탑재된 구글 어시스턴트나 아이폰의 시리(Siri)는 농담까지 이해하는 재치를 발휘하고, 사용자가 필요한 것을 묻기도 전에 상황과 맥락을 이해하여 필요 정보를 미리 제공하기도 한다.

어떤 사람이 말을 잘 알아듣지 못하는 시리에게 화가 나 "꺼져!"라고 소리지르자 "제가 뭘 했기에 그런 말씀을 하시나요?"라고 되묻기에 곧바로 "미안"이라고 사과하니 "괜찮아요. 벌써 다 잊었어요"라고 대답한다. 이 정도면 사람하고 대화하는 기분을 충분히 느낄 수 있다. 출근 시간에는 알아서 덜 막히는 길을 안내하며, 식사 시간이 되면 인근 식당 정보를 미리 보여준다. 중요한 회의 시간이 되면 장소와 참석자, 협의 아젠다를 상기시킨다. 하루가 다르게 발전하는 인공지능 덕분에 우리 생활은 더욱 편해지고 있다. 2014년 12월 한국인터넷진흥원(KISA)의 발표에 따르면 한국인이 스마트폰 같은 모바일 기기로 인터넷을 이용하는 시간은 하루 평균 2시간 51분에 이른다. 같은 해 통계청이 조사한 하루 평균 간식, 식사에 소요되는 시간은 1시간 56분이었다. 이미 우리 삶에는 밥보다도 인터넷이 더 큰 비중을 차지한다.

우리가 인터넷을 이처럼 생활 속에서 가까이할 수 있게 된 것은 모바일 인터넷이 가능해졌기 때문이다. 모바일 인터넷은 스마트폰이 우리 생활 안에 들어옴으로써 가능했다. 결과적으로 언제 어디서나 인터넷에 접속할 수 있고, 사용자의 필요를 스스로 이해하는 친절한 인공지능 비서까지 마련되었다. 그러나 이러한 변화가 과연 바람직할까? 원하는 정보를 언제 어디서든 구할 수 있고 다른 사람과 끊임없이 연결을 이어갈 수 있지만, '편리함' 이라는 달콤한 혜택을 누리는 대가로 수백만 년의 진화를 거쳐 인류 생존에 필수였던 능력, 즉 깊은 사고력을 잃어가고 있음을 주목해야 한다.

'호모(Homo)' 는 라틴어로 '사람' 을 뜻하고 '사피엔스(Sapiens)' 는 '지혜로운(wise)' 이다. 즉, 학명에 나타난 호모사피엔스는 '생각하는 능력을 지닌 지혜로운 사람' 이다. 실제로 최종 승자가 된 우리 호모사피엔스에 나타난 변화 중 가장 눈에 띠는 것이 뇌의 진화, 특히 뇌의 가장 바깥에 위치하는 대뇌피질의 진화다. 출생 전 태아의 뉴런은 분당 2만5천 개의 속도로 매우 빠르게 증식하는데, 침팬지는 출생 후 뇌 성장이 멈추지만 인간은 두 살이 되기 전까지 계속 성장한다. 태어난 이후에도 여러 신경 세포의 변화가 진행된다는 사실은 인간 뇌의 주요 특징이다. 자기공명촬영(MRI) 연구에 따르면 청소년의 뇌는 사춘기까지 발달하고 성숙한다. 여기에 더해 뉴런의 가지치기는 지속적으로 일어나고 신경의 신호 전달속도를 높일 수 있는 수초 형성은 청소년 시기에도 이어진다.

인간 뇌의 발생학적 특징과 함께 더욱 중요한 특징이 있으니 바로 언어이다. 인간의 언어는 인류 진화에 새로운 장을 열었다고 해도 과언이 아닌데, 인간의 마음이 언어를 발달시키고 언어의 발달이 또다시 마음을 발달시키기 때문이다.

우리의 뇌는 마치 서점과 같다. 서점은 잘 팔리는 베스트셀러나 인기서적을 고객의 눈에 잘 띄는 곳에 비치하고, 찾는 사람이 별로 없는 전문 서적은 분류별로 구분해 잘 보이지 않는 곳에 배치한다. 평소 자주 사용하는 말이나 지식은 생각만으로도 바로 대화로 연결되고 반복할수록 강화되지만, 자주 사용하지 않는 말이나 지식은 입에서만 맴돌 뿐 선뜻 생각나지 않는 것도 이러한 이유 때문이다. 호모사피엔스가 집단의 강력한 힘을 발휘할 수 있었던 것도 깊이 생각하고 언어로 소통하는 능력 덕분이었다. 우리의 정신은 우리가 표현하는 언어로 이루어진 문장이다.

다양하고 구체적인 일들을 경험하고 접하며 이에 대한 공통점과 차이점을 구분하여 범주화하며 이를 스스로 되짚어보는 깊은 사고력이 바로 '지혜' 다. 지혜 덕분에 인류는 눈에 보이지 않는 추상적인 것을 말로 구체적으로 설명할 수 있었고 더욱 정교하게 언어 능력을 발전시켰다. 이 능력은 호모사피엔스를 인류의 최종 승자로 만든 강력한 힘이었다. 초기 호모사피엔스는 주어진 거친 환경에서 살아남기 위해 다양한 생존 사고의 과정을 반복했고 이를 후세에 유전자로 물려주었다. 역설적이게도 살아남기 힘든 거친 환경이 오히려 호모사피엔스의 뇌 능력을 극대화시킨 것이다. 아직까지 우리에게 남아 있는 직관적인 사고 능력은 대부분 자연환경에서 살아남기 위한 생존 본능이며, 더 많은 유전자를 남기기 위한 번식 욕구로 보존되어 있다. 따라서 생각할 필요가 없는 환경은 어찌 보면 호모사피엔스에게 매우 치명적인 독이다.

2011년도 행정안전부의 '인터넷 중독 실태조사' 에 따르면 만 5~9세 유아 및 어린이의 인터넷 중독률은 7.9%, 10~19세 청소년은 10.4%였다. 20세 이상 성인의 중독률인 6.8%보다 높았다. 또 인터넷 중독자의 25%가 스마트폰 중독을 함께 갖고 있었다. 스마트폰 중독률을 연령대별로 살펴보면 10대가 11.4%로 가장 높았으며 20대가 10.4%, 30대가 7.2%, 40대가 3.2% 순이었다. 중독자들의 하루 평균 스마트폰 사용시간은 8.2시간으로 일반 사용자보다 두 배 이상 높았으며 주된 이용 목적은 메신저 앱을 통한 채팅이었다. 하루 평균 SNS 이용 시간은 59.7분으로 스마트폰과 SNS가 밀접한 관련성을 지닌다는 사실을 보여준다. 전문가들은 스마트폰 중독은 어린이에게 더 치명적이라고 말한다. 3세 이전에 뇌 발달 속도가 가장 빠르고 그 다음 초등학교, 중학교 순이다. 또 뇌는 시기마다 집중적으로 발달하는 영역이 있는데 그때 한창 스마트폰에 많이 노출될수록 뇌가 발달할 수 있는 기회를 놓쳐버리기 때문이다.

스마트폰을 쓰는 과정에서 아이의 머리는 어떻게 될까? 우선 뇌 발달이 멈춘다. 사람의 뇌는 예측할 수 없는 대상과 오감을 통한 상호작용에서만 고르게 발달한다. 그러나 스마트폰은 사람과의 접촉이 아니다. 뇌의 수만 개 회로 중 스마트폰이 전달하는 일방적인 영상을 받아들이는 단 하나의 회로만 움직이며, 그 동안 다른 회로를 쓰지 못해 점점 퇴화한다. 이 상태가 누적되면 그렇지 않은 아이에 비해 뇌 발달에 현격한 차이를 보인다.

스마트폰을 지속적으로 사용하면 감정을 관할하는 뇌 영역도 붕괴된다. 스마트폰 속에는 일방적인 사물의 움직임만 있을 뿐, 자신의 말이나 행동에 다른 사람이 어떤 반응을 보일까 전혀 생각하지 않게 된다. 자연히 타인의 감정을 읽는 능력이 떨어지고 시공간에 따른 감정조절 능력, 의사소통 능력도 저하된다. 눈치도 없고 참을성 없는 돌발행동이 빈번해지는 것도 이런 이유 때문이다. 전문가들은 지금 유아기인 아이들이 어른이 되는 20여 년 후면 패륜아나 묻지마 살인사건 등이 더 많아질 거라고 경고한다. 또한 미래를 보고 과거를 반성하며 현재에 집중하는 통합적 사고 능력도 저하된다. 정상적인 성인으로 자라기 위해서는 뇌가 전체적으로 균형 있게 발달해야 하는데 그렇지 못하기 때문이다. 더욱 심각한 것은 특정 부위에만 반복된 자극은 실제로 뇌의 구조적인 변화를 일으키며 심각한 손상을 일으킬 수 있다는 사실이다. 최근 fMRI 및 SPECT 같은 실시간 뇌 영상 촬영 기술을 통해 이 사실들이 확인되고 있다. 스마트폰 중독은 약물 중독이나 알코올 중독과 비슷한 형태의 뇌 손상을 일으키는 것으로 알려져 있다.

실제로 자폐증(Autism)은 타인과의 상호 관계나 정서적 유대감이 형성되지 않고 자신의 세계 안에 갇혀 지내는 듯한 극단적 발달 장애 질환이다. 통상 세 살 이전의 유아 1,000명 당 한 명 이상 꼴로 증상이 나타나며, 여아보다 남아에게서 3~5배 많이 발생하는 것으로 알려져 있다. 미국에서는 350만 명 이상의 어린이 자폐증 환자가 있고, 8세 이하 어린이 68명에 한 명 꼴로 자폐 진단을 받는 것으로 추정된다. 자폐증의 원인은 아직 정확히 밝혀지지 않앉지만 유전적 요인, 환경 호르몬 그리고 후천적 교육 환경 등 잠재 원인에 대해 다양한 논의가 진행 중에 있다. MIT의 세네프 박사는 2025년이 되면 미국 어린이의 절반이 자폐증 같은 질환으로 고통 받을 수 있다고 경고한다. 최근 자폐증, 주의결함장애(ADHD), 충동조절장애(ICD), 아스퍼거(Asperger) 같은 장애로 고통 받는 아이들이 급격히 증가하고 있다. 이러한 현상은 2000년 전후로 급속하게 보급된 인터넷과 모바일 기기의 성장과 무관해 보이지 않는다. 유아기의 어린아이들은 이러한 환경에 쉽게 노출되고 모바일 기기 중독에 빠지기 쉽기 때문이다. 어린아이들뿐만 아니라 성숙한 성인들조차 인공지능이 주는 편리함에 익숙해지면서 깊이 생각할 수 있는 기회를 잃고 있다.

하루가 다르게 발전하는 인공지능과 달리 호모사피엔스의 사고 능력은 점점 퇴화될 것으로 전망된다. 90년대에 대학을 다닌 필자들만 해도 대학 시절에 가족은 물론, 친척, 친구들의 전화번호를 전부 외웠다. 대부분의 사람들이 적어도 수십 개에서 많게는 100개 이상의 전화번호를 외우고 살았다. 하지만 휴대폰의 사용으로 이제는 가족의 전화번호조차 못 외우는 경우가 허다하다. 이 책을 읽고 있는 독자들은 지금 외우고 있는 전화번호가 몇 개나 되는가? 또한 예전에는 자가용 운전자들이 필수적으로 차에 지도책을 비치하고 있었으며, 처음 가는 길도 지도를 보고 길을 찾는 것이 당연했다. 지금은 어떤가? 내비게이션이 없으면 운전할 수 없는 지경이다. 점점 길을 모르고 길을 기억하지 않는 것이다.

우리 뇌는 치명적인 약점을 가지고 있다. 즐거움이라는 보상이 주어지는 자극에 대해 쉽게 습관이 형성되며 편안함이라는 감정을 통해 무의식적으로 강화된다는 점이다. 성인들조차 인터넷 중독에 빠지고 무의식적으로 스마트폰을 자꾸 열어보는 것도 이런 이유 때문이다. 세계적인 IT 미래학자이자 2011년 비소설부문 퓰리처상 후보였던 니콜라스 카는 〈생각하지 않는 사람들(The Shallows)〉에서 디지털 기기에 종속된 이후 우리의 사고 방식이 어떻게 변화하는지 밝히고 있다. 그는 "검색 엔진을 통한 인터넷 서핑은 우리의 지식과 문화를 즉흥적이고 주관적이며 단기적으로 접근하게 만들어 깊이를 잃어버린 지식을 양산해낸다"고 경고한다. 하루가 다르게 발전하는 인공지능에 무력하게 종속되지 않으려면 그야말로 '정신 차려야' 한다.

궁극의
공부법

몇 년 전 장난기와 귀염성 가득한 표정의 열두 살짜리 소년이 전
공 대학생들도 쩔쩔매는 미적분 문제를 신나게 푸는 동영상이 화
제가 된 적이 있다. 이 동영상은 업로드 즉시 조회수 200만을 돌
파하고 각국의 언어로 번역되어 전 세계인을 매혹시켰다. 소년의
이름은 제이콥 바넷이다. 생후 18개월 때 중증 자폐 판정을 받았
고 전문가들로부터 16살이 되어서야 겨우 신발끈 정도 맬 수 있을
것이라는 판정을 받았다.

그러나 제이콥은 천만 명 중 한 명 나온다는 천재성을 지닌 소
년이었고 여덟 살에 퍼듀 대학교의 천체 물리학과 수업을 청강했
다. 열두 살에 양자물리학연구소의 최연소 유급 연구원이 되었고

첫 월급으로 집 지하에 본인의 중성자 연구소까지 마련했다. 제이콥의 엄마 크리스틴은 자폐 전문가들이 제안했던 고통스런 교육 방법을 따르지 않았고 자신만의 소신과 직관으로 아이를 양육했다. 모든 아이는 마음 속에 자신 만의 불꽃(Spark)을 품고 있으며 그 불꽃이 활활 타오르도록 도와주어야 한다는 소신이었다. 그녀는 아이에게 평범한 일상의 기쁨을 만끽하게 해주면서 좋아하는 것들을 최대한 도전할 수 있도록 도왔다. 제이콥과 크리스틴의 아름다운 도전에서 우리의 마음을 움직이고 가슴을 뜨겁게 하는 살아 있는 공부의 위대한 힘을 다시금 깨닫는다.

요즘은 유투브나 인터넷 검색으로 관심 분야에 대해 엄청난 정보와 자료를 얼마든지 손쉽게 얻을 수 있다. 하루 24시간과 인터넷 상의 다양한 공유 지식이야말로 누구에게나 주어지는 공평한 기회다. 세계적인 석학들의 위대한 이야기를 손쉽게 들을 수 있는 것은 이 시대를 살아가는 우리에게 주어지는 특권 중 하나다. 나만의 스파크를 찾아내는 방법 중 하나는 본인의 생각과 가치관에 변화를 주는 내용들을 추려내는 과정이다. 마음을 설레게 하는 새로운 지식에 대한 호기심, 편견과 선입견을 부숴버리는 새로운 통찰, 마음속에 계속 떠오르는 다양한 질문들에 집중하는 것이다. 최근 자기계발의 방법 중 하나로 독서에 대한 다양한 방법을 다룬 서적들이 쏟아져 나오고 있다. 대표적인 예로 1,000권의 독서 방법이 있다. 독서를 통해 다양한 간접 경험을 하고 새로운 관점을 갖기 위한 적극적인 방법이지만, 1년에 100권의 책을 읽어도 무려 10년이나 걸린다. 하지만 맹목적으로 숫자를 채우기 위한 독서는 의미가 없다. 아무리 많은 책을 읽어도 내 생각과 마음을 바꾸지 못한다면 소용없기 때문이다. 독서를 통한 새로운 지식이 장기 기억으로 잘 전환되지 않을 수도 있다. 살아 있는 경험과 지혜로 바뀌지 않는다면 1,000권이 아니라 10,000권을 읽어도 마찬가지다. 단순히 많이 읽기보다는 독서와 함께 깊이 생각하는 시간을 갖고, 느낀 점들을 글로 써보면서 내 것으로 만드는 과정이 더 중요하다.

나만의 스파크를 찾는 과정에서 새롭게 배운 내용들을 충분히 습득하기 위한 좋은 방법이 있다. '섀도우 스피킹(shadow speaking)'이다. 강의를 일방적으로 듣기만 하는 것이 아니라 들리는 대로 입으로 소리 내어 따라 하는 방법이다. 매우 간단하지만 반복하다 보면 우리 뇌에 엄청난 변화가 생긴다. 듣고 대충 이해한 다음 잊어버리는 것이 아니라 집중해서 듣고 입으로 따라 하면서 공감하는 과정을 통해 뇌의 신경 회로를 강화시킨다.

유대인의 학습방법 중 '하브루타'가 있다. '친구'라는 뜻의 유대어 '하베르'에서 유래된 학습 방식인데 친구와 끊임없이 대화와 토론하면서 배우는 방법이다. 하브루타의 효과를 놓고 EBS의 주관으로 흥미로운 실험이 진행되었다. 조용한 환경에서 혼자 학습하는 그룹과 대화와 토론을 통해 학습하는 그룹으로 나누고 새로운 내용을 학습하게 한 다음 동일한 테스트를 했다.

결과는 놀라웠다. 말하는 공부방의 성적이 조용한 공부방 성적보다 2배 가까이 높았다. 심리학자들은 이를 당연한 결과라고 말한다. 말로 설명하다 보면 내가 아는 것과 모르는 것의 구분이 명확해지고, 알고 있는 지식들의 인과 관계가 체계적으로 정리된다. 아는 것과 안다고 착각하는 것을 판단하는 능력인 '메타 인지'가 활성화되기 때문이다. 듣기만 하는 것은 지식을 일방적으로 집어넣는 과정이지만, 말을 섞어서 공부하면 '메타 인지'가 작동된다. 이 방법은 장기 기억에도 매우 효과적이다. 혼자서 조용히 공부한 다음 24시간 이후 기억하는 비율을 확인해보면, 듣는 것은 겨우 5~10%에 불과하지만 서로 설명하고 토론하는 방법은 무려 90%가 넘는다. 뇌 기억의 메커니즘은 아주 중요하다고 판단되는 정보만 추려내어 핵심 단어나 제목을 저장했다가 이를 소환하여 이야기의 형태로 재구성한다. 따라서 소리 내어 말하는 것과 그냥 듣기만 하는 것의 학습 효과는 매우 큰 차이를 보인다.

학습에 대한 또 다른 비밀은 장기기억 전환의 비법이다. 2014년 10월, 한 공중파 TV에서 '궁극의 공부법'이라는 프로그램이 방영되었다. 고등학생들을 대상으로 A그룹, B그룹으로 나누어 과학 지문을 7분 동안 외우게 하고 5분간 휴식을 취한 후 A그룹은 다시 7분간 외우게 하였고 B그룹은 외운 내용을 스스로 써보게 했다. 자가 문제풀이를 하게 한 것이다. 그리고 다시 5분을 쉰 후 시험을 보았다. 그랬더니 7분간 두 번을 암기한 A그룹은 평균 61점, 한 번만 암기하고 자가 문제풀이를 한 B그룹은 평균 55점이 나왔다. 두 번 암기한 그룹이 6점 높았다. 이 결과만 보면 두 번 암기가 학습에 효과적인 듯하지만, 반전이 있었다. 일주일 후 아무런 공지 없이 다시 소집해서 똑같은 문제로 시험을 다시 치르게 했더니 놀라운 결과가 나왔다. 61점이 나왔던 A그룹은 45점으로 떨어진 반면 처음에 55점을 받은 B그룹은 53점으로 성적을 거의 유지하고 있었다. 처음에는 6점 차이로 A그룹이 앞섰지만, 일주일 후에는 무려 8점 차이로 뒤집힌 것이다. 이것이 바로 인지과학자들이 밝혀낸, 단기기억을 장기기억으로 전환시키는 궁극의 공부법이다. 자가 학습을 통해 많은 문제를 스스로 풀면서 학습 내용을 장기기억으로 저장하는 방법이다.

우리의 뇌는 다양한 상황 속에서 유의미한 실수를 통해 주요 정보를 장기기억으로 보존한다. 단순 암기와 이해를 통해 일차적으로 불완전한 지식을 습득했다면, '문제풀이'라는 연습 과정을 통해 비로소 '진짜 아는 것'과 '안다고 착각했던 것'을 구분하게 되는 것이다. '메타 인지'를 활성화하는 문제풀이 방법은 마치 누군가와 대화나 토론하는 것과 비슷한 효과를 갖는다.

그렇다면 무언가를 배우는 학습 과정에서 과연 우리 뇌에 무슨 일이 생길까? 예전에 열심히 시험 공부했을 때를 생각해보자. 뭔가를 억지로 외우면서 생소한 내용을 머리 속에 집어넣기란 매우 힘들다. 우리 뇌는 새로운 것을 싫어한다. 이전에 없었던 뇌 신경 세포들을 연결해야 하기 때문이다. 예를 들어 생소한 과학 이론을 접하거나 어려운 의학 전문 용어를 접하면 머리에서 튕겨 나가는 느낌이 든다. 그에 대한 신경 회로가 아직 연결되지 않았기 때문이다.

그런데 복잡한 전문 지식도 간단한 그림이나 비유를 통해 설명을 들으면 훨씬 쉽게 이해한다. 이미 머릿속에 있는 지식, 즉 기존의 뇌 신경 연결을 최대한 활용하여 새로운 시냅스를 만들기 때문이다. 무조건 외운 것보다 이해된 내용은 장기기억으로 오래 남는다. 일단 이해된 내용은 나만의 이야기로 재구성하기 쉽기 때문이다. 이러한 과정이 반복되면 뇌 시냅스 연결이 비약적으로 늘어난다. 인류는 오랜 기간 생존과 번식의 과정을 통해 진화된 뇌를 갖게 되었으며 결국 다양한 환경에서 지혜롭게 살아남는 방법을 터득했다. 인간의 핵심 능력을 유지하는 비결은 결국 학습인 것이다. 학습이야말로 뇌의 퇴화를 막는 가장 좋은 방법이다.

새롭게 얻은 지식을 실생활에 적용하면 다양한 감정과 함께 시냅스가 더욱 강화된다. 지식이 경험으로 바뀌는 과정이다. 자전거를 이론적으로 배운 다음 실제로 자전거를 탄다고 가정하자. 수많은 시행 착오를 거쳐 어느 순간부터 넘어지지 않고 중심을 잡는 방법을 터득하게 된다. 처음으로 자전거를 탈 수 있게 된 순간은 짜릿한 경험으로 생생히 기억된다. 생활에서의 실제 경험은 다양한 감정을 불러 일으키고 우리의 추상적인 지식을 매우 구체적인 경험으로 바꾸어준다. 또한 다양한 시행착오의 과정을 통해 축적된 경험적 지식은 '되는 것'과 '안 되는 것'을 본능적으로 구분할 수 있는 직관을 발전시킨다. 그렇다면 이 과정을 계속 반복하면 어떻게 될까? 뇌 속의 수많은 신경 세포들이 강하게 연결되면서 지식과 경험이 우리의 무의식을 관장하는 뇌 영역까지 연결된다. 의식을 관장하는 전두엽뿐 아니라 무의식의 영역인 다른 영역의 뇌도 활성화된다. 지식이 경험으로 그리고 반복된 경험이 직관과 지혜로 바뀌는 과정이다. 강화된 시냅스는 실제로 뇌의 물리화학적 변화를 일으킨다. 이는 오랜 세월 인류가 수많은 생존의 위협 문제를 풀어오면서 발전시킨 방법이다. 이 비밀을 간직하고 있는 사피엔스의 뇌에 대해 더 알아보자.

# 끊임없이 변화하는
# 뇌의 비밀

앞에서 이야기한 학습 과정은 우리 뇌의 진화 과정 및 방법과 관계 있다. 뇌는 안쪽에서 바깥쪽으로 크게 세 개 층으로 구분할 수 있으며 진화의 순서를 따른다는 것이 신경과학자 폴 맥린의 '삼중 뇌 이론(Triune Theory)' 이다.

(1) 신체 대사에 꼭 필요한 역할을 담당하는 파충류의 뇌, 뇌간
(2) 기본적인 감정과 본능을 담당하는 포유류의 뇌, 변연계
(3) 결정, 판단, 통찰, 지능의 역할을 하는 인류의 뇌, 대뇌 피질

최초 원시 인류의 뇌는 맨 안쪽에 위치한 뇌로, 생명 유지를 위

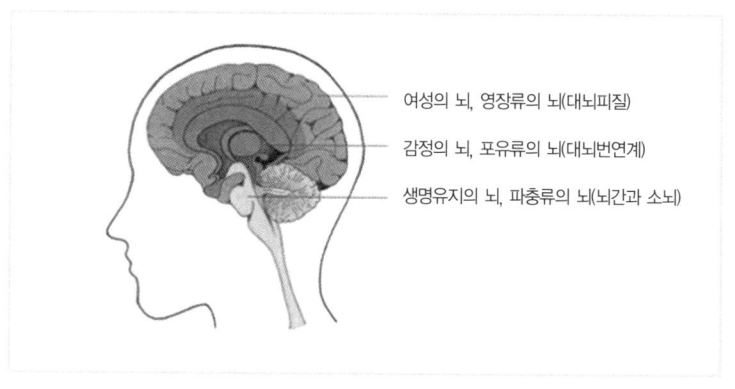

**크게 세 영역으로 구분되는 인간의 뇌 영역**

한 본능에 충실한 기능을 하는 원시 뇌이다. 파충류의 뇌라고도 하는 뇌간과 소뇌다. 이후 진화하여 그 다음 층에 포유류의 뇌가 만들어졌다. 본능을 넘어서 감정을 느끼고 표현하는 뇌로 대뇌변연계라고 한다. 그리고 맨 마지막으로 진화한 뇌가 바깥쪽 뇌인 이성을 관장하는 뇌, 영장류의 뇌라고 하는 대뇌피질이다.

문제는 감정을 담당하는 두 번째 층에 해당하는 '포유류의 뇌(변연계)'가 현실에서 강력한 힘을 갖는다는 점이다. 사람도 동물과 비슷한 감정 본능을 가지고 있다. 공포, 분노, 짜증, 불안 같은 부정적인 감정은 즉각적인 호르몬 분비를 통해 이루어지는데, 이는 진화 과정에서 생존율을 높이기 위한 주요 수단이었다. 맹수를 만나서 죽을 뻔한 경험은 생생한 두려움으로 오랫동안 보존된다. '내일 당장 먹을 것이 없으면 어떡하나' 하는 걱정은 식량을 비축하고 생존을 위해 미래를 준비하게 만들었다. 변연계에 있는 '편도체(Amygdala)'가 이 역할을 담당한다. 걱정과 불안을 담당하는 뇌 기관으로 생존에 필수적인 생체 알고리즘을 맡는 것이다. 하지만 오랜 기간 반복적으로 극단적인 생존 모드에 내몰리면 스트레스와 우울감, 피로에 시달리게 된다. 결국 서서히 몸도 망가지고 마음도 피폐해진다. 편도체의 과도한 활동으로 인해 모든 것이 부정적으로 보이고 상황은 더욱 나빠진다. 이런 부정적인 감정들이 삶을 주도하면 극단적인 결정에까지 이른다. 현대인들이 고통 받는 우울증의 기저에는 근원적인 불안이 있으며 극심한 스트레스와 절망감이 그 원인이다. 이러한 악순환에 빠지지 않으려면 무엇보다 '부정적인 감정 중독'에서 벗어나야 한다.

현재 자신의 모습을 객관적으로 깨닫는 것이 그 시작이다. 감정 중독에서 벗어나려면 나 자신과 주변을 객관적으로 바라보면서 내가 지금 어떤 상태인지, 진정으로 원하는 것이 무엇인지 반복해서 되새기는 훈련이 필요하다. 자신의 상태를 제3자의 관점에서 객관적으로 보는 것이다. 그런 다음 무엇인가를 배우는 학습을 통해 나 자신과 주변을 새롭게 바라보는 과정이 필요하다. 앞서 살펴본 것처럼 처음 알게 된 지식은 뇌 앞부분에 위치한 전두엽을 포함하여 뇌의 바깥 부분인 대뇌피질부에 새로운 신경 회로로 자리 잡는다. 이러한 지식은 실생활에서 적용되면서 감정의 뇌 부위인 변연계를 통해서 긍정적인 감정과 함께 강화된다. 쉽게 말해 우리는 새로운 것을 배우면서 기쁨과 즐거움을 갖게 된다. 우리의 긍정적인 감정과 연결된 사건은 장기 기억으로 쉽게 남는다. 이러한 과정이 반복되면 습관이나 솜씨와 같은 기술들은 뇌의 아래 부분에 위치한 소뇌에 저장된다. 무의식적으로도 무엇인가를 멋지게 해내는 숙련의 단계에 도달하고 긍정적인 감정은 이를 다시 강화시키는 선순환이 이루어진다. 한편 학습을 통해 감정 중독에 벗어나 전두엽이 강화되면 스스로 감정을 조절할 수 있게 되고 주어진 상황을 제어하는 능력이 향상된다. 전두엽은 이성적인 사고를 담당하며 논리적으로 결정하고 실행하는 역할을 담당하기 때문이다. 결국 전두엽을 활성화시키는 데 있어서 '메타 인지'와 '학습'이 핵심이다.

한편 해마는 장기기억으로 전환하는 중요한 역할을 맡는다. 1953년 심각한 간질 증상을 보이던 H.M.이라는 환자는 마지막 수단으로 양쪽 측두엽의 안쪽 표면과 측두엽 내부 깊숙이 들어 있는 해마를 절제 받았다. 수술은 성공적이었고 발작은 줄어들었다. 다행히 그는 목숨을 건졌지만 심각한 단기기억 상실에 빠지고 말았다. 흥미로운 점은 수술 이전의 과거 기억에는 문제가 없었지만 수술 이후 새로운 단기기억 능력을 잃어버린 것이다. 그는 방금 전 일조차 기억하지 못했다. 곧 H.M.을 대상으로 다양한 인지 실험이 진행되었다. 그는 방금 전에 도형을 그렸다는 사실조차 기억하지 못했지만 반복 연습을 통해 복잡한 도형을 그리는 솜씨는 꾸준히 좋아졌다. 대뇌는 이를 전혀 인지하지 못했지만 이와 무관하게 소뇌는 강화된 것이다. 솜씨나 습관을 만들어내는 뇌 부위는 우리의 무의식과 관련 있으며 실제로 소뇌가 깊이 관여하고 있음을 알 수 있다.

SPECT라는 뇌 촬영 기술로 8만 명 이상의 뇌를 촬영한 대니얼 에이먼(Daniel Amen) 박사는 뇌의 재생 능력의 중요성을 강조한다. 우울증, ADHD, 자폐증, 간질, 치매, 약물중독 등 다양한 고통 중에 있는 사람들의 뇌를 연구한 그는, 대개 정신과 의사들은 증상을 바탕으로 약을 처방하고 행동 치료를 시도하지만 그런 방법은 잘못되었다고 주장한다. 같은 증상을 보이는 우울증 환자라고 해도 어떤 환자는 뇌가 과도하게 활성화된 반면 다른 환자는 정반대로 낮은 활동을 보이기 때문이다. 사람들의 뇌는 모두 저마다 다르고 특별하다. 또한 그는 미식축구 선수들의 손상된 뇌와 전쟁 때문에 외상후 스트레스에 시달리는 군인들의 뇌를 촬영했는데, 놀랍게도 이들은 뇌 재생 프로그램을 통해 회복이 가능했고 치료 이후 정상적인 삶을 살게 되었다.

범죄자 교도소 수감자의 1인당 평균 관리 비용은 연 2,500만원 정도라고 한다. 게다가 그들은 사회로 나와 다시 범죄를 일으킬 가능성이 매우 높다. 에이먼 박사에 따르면 대부분의 범죄자들은 뇌에 구조적인 문제가 있으며 단지 그들을 처벌하는 데 그치지 말고 뇌 재생 프로그램을 통해 이들을 치료하여 사회적 비용을 낮추어야 한다고 제안한다. 뇌가 끊임없이 변화하며 회복될 수 있다는 사실에 근거한 주장이다.

아무 이유 없이 야구장에서 한 소녀를 공격한 9살 소년이 있었다. 이 소년은 총으로 사람들을 죽이는 그림을 그리기도 했다. 미국에서 빈번하게 발생하는 집단 총기 사건을 일으킬 수 있는 잠재적 살인자였던 것이다. 에이먼 박사는 행동 치료나 약물로는 치료가 불가하다고 판단, SPECT 촬영을 통해 소년의 측두엽에서 골프공 만한 조직을 확인했다. 그의 제안에 따라 수술로 조직을 제거하자 이후 소년의 행동은 극적으로 달라졌다. 25세의 건실한 청년으로 성장한 그는 직업을 갖고 세금을 내는, 건강한 사회의 일원이 되었다. 이 소년은 바로 에이먼 박사의 조카였다. 사람의 뇌는 끊임없이 변화하며 얼마든지 회복될 수 있다. 이것이 뇌의 진정한 비밀이다.

# 또 다른 진화를
# 꿈꾸며

세계적인 석학들이 하루 1시간 이상 명상을 하는 시간을 갖는 이유는 무엇일까? 〈과학동아〉는 2011년 12월에 명상에 대한 흥미로운 특집 기사를 게재하였다. 장현갑 영남대 명예교수는 명상을 통해 일어나는 뇌의 변화에 대한 과학적 근거를 설명한다. 일반적으로 뇌의 상태에 따라 다양한 형태의 뇌파를 측정할 수 있는데, 이는 뇌 신경 세포가 기본적으로 전기화학적인 방법으로 신호를 주고 받기 때문이다. 과학자들은 뇌파의 변화를 통해 마음의 변화를 유추할 수 있다고 말한다. 초당 1~4의 횟수를 보이는 매우 느리고 불규칙한 뇌파가 델타(δ)파다. 델타파는 잠을 잘 때 나타나는 수면파다. 이렇게 느린 수면파인 델타파보다는 다소 빠른 초당 4~8

회 정도의 주기를 보이는 뇌파를 세타(θ)파라고 하며 깨어 있는 상태와 잠든 상태 중간으로 볼 수 있다. 에디슨은 선잠 상태에서 연구 작업을 했던 것으로 알려져 있다. 그는 연구 도중 막다른 골목에 다다를 때마다 가수면 상태에서 손에 쇠구슬을 쥔 채 의자에 앉아 꾸벅꾸벅 졸았다. 쇠구슬이 떨어지는 요란한 소리에 잠에서 깨어난 에디슨은 자신이 설계하고 있던 것과 관련된 아이디어를 얻었다고 한다. 일반인들도 마치 전구에 불이 들어오는 듯한 느낌이 드는 순간 세타파를 경험한다. 즉, 세타파는 어떤 통찰이나 직관적 깨달음이 일어날 때 뇌에서 관찰되는 특별한 현상이라고 할 수 있다. 또한 세타파는 명상을 하는 동안에도 관찰된다. 오랫동안 명상을 수행한 스님들은 평소에도 세타파를 쉽게 보여줄 수 있다. 운동 경기에서 대기록을 수립한 선수들은 경기 도중 무념무상의 상태에 이른다고 한다. 실패에 대한 공포감 등 온갖 부정적인 생각이 사라지고 자신감이 충만한 상태에서 과감히 목표를 이루어내는 최고 경지의 쾌감만이 뒤따른다고 한다. 미국 하버드대 의대의 심리학자인 사라 라자 박사팀은 법관과 언론인 등 지식인을 대상으로 하루 40분씩 몇 달간 명상을 하게 했다. 그 결과 이들은 스트레스가 감소돼 기분이 좋아지고 생각이 명료해진 것 같다고 대답했다. 또한 어려운 상황에 놓여도 흔들리지 않고 집중력을 잘 유지할 수 있었다. 흥미롭게도 fMRI로 관찰한 결과 긍정적인 감정과 연관이 있는 뇌 부위가 0.1~0.2mm 더 두꺼워진 것으로 나타났다. 명상 훈련으로 뇌의 구조에도 변화가 생긴 것이었다. 또한 사라 라자 박사팀은 노화로 인한 치매 증상과 우울증에 대해 명상 훈련이 끼치는 긍정적인 효과를 연구했다. 놀랍게도 명상은 단지 기분에만 영향을 주는 것이 아니라 실제로 뇌와 신체의 물리적 변화를 만들어냈다는 점이다. 이는 뇌 신경 세포인 뉴런 간의 연결이 강화되고 감정을 제어하는 호르몬의 분비가 바뀌게 되기 때문이다.

한편 뇌는 명상 같은 의식적인 훈련을 통해 강화되기도 하지만 신체 운동을 통해서도 무의식적으로 강화될 수 있다. 뇌 건강 연구의 권위자인 존 레이티는 〈운동화 신은 뇌〉에서 매우 흥미로운 사례를 제시한다. 일반적으로 운동은 몸을 단련하고 건강을 유지하기 위한 최고의 비결로 알려져 있다. 정작 놀라운 점은 규칙적인 유산소 운동은 단지 신체를 강화하는 데 그치지 않고 실제로 뇌 건강과 학습 능력에도 밀접한 관련성을 갖는다는 것이다. 유산소 운동은 뇌세포 간의 연결을 강화하고 시냅스를 더 많이 생성해서 뇌 안의 연결망을 확장해주며, 해마에서 생성된 새로운 줄기세포들이 분열하고 성장해서 제대로 역할을 수행할 수 있도록 도움을 준다. 구체적인 사례로 미국의 네이퍼빌 고등학교에서는 0교시에 전교생에게 1.6km 달리기를 시켰다. 얼마나 빨리 달리기를 완료했는지 같은 기준이 아니라 심박수의 80~90%가 될 정도로 각자의 신체 능력에 맞게 매일 운동을 하게 했다. 그리고 나서 1-2교시에 가장 어렵고 머리를 많이 써야 하는 과목을 배치했다. 이러한 과정을 도입한 이후 놀랍게도 그저 미국 내 평범한 학교였던 네이퍼빌 고등학교는 전세계 과학 응시 대회에서 1위를, 그리고 수학에서는 6위를 기록했다. 네이퍼빌 고등학교의 사례가 더욱 흥미로운 점은 운동이 학생들의 학습 능력을 올릴 뿐 아니라 생활 태도와 성격 성형까지도 영향을 주었다는 사실이다. 자발적인 운동이 될 수 있도록 학교에서는 암벽 등반, 카약, 농구 등 18가지나 되는 다양한 체육 프로그램을 제공했고, 학생들이 자신의 흥미에 맞는 운동을 고르도록 했으며 이를 평가하는 기준도 다른 학생들과 비교 평가를 한 것이 아니라 개인의 능력을 기준으로 얼마나 최선을 다했는지 평가했다는 점이다. 한 가지 기억할 점은 정기적인 운동을 통해 뇌세포가 생성된 이후 학습을 통해 새로운 뇌세포들을 적절하게 자극 및 활용하지 않으면 아무 소용이 없다는 점이다. 네이퍼빌 고등학교에서 0교시 체육 수업 이후 어려운 과목을 1-2교시에 배치하여 큰 효과를 본 이유이기도 하다.

한편 운동 중에 수축하는 근육은 여러 성장인자들을 분비시킨다. 특히 혈관의 내피세포가 생산되고 새 혈관이 만들어지면 피가 순환하는 길이 풍부하게 확보되어 혈관이 막히는 일이 예방된다.

운동은 손상된 혈관을 어느 정도 복구하므로 뇌졸중으로 쓰러진 적이 있는 사람이나 알츠하이머 환자의 인지력 향상에도 큰 도움이 된다. 또한 운동은 스트레스 호르몬인 코르티솔의 부식 효과를 억제하여 우울증과 치매를 방지한다. 운동을 하면 신경전달물질과 신경영양인자, 뉴런들 사이의 연결이 모두 늘어나 우울증이나 불안증으로 크기가 줄어든 해마의 상태를 개선한다. 그리고 기분이 즐거워지면 전반적인 생활 태도도 좋아지고, 다른 사람들과 사회적인 관계를 유지하거나 새로운 관계를 맺기도 쉽다. 한편 면역체계도 운동과도 깊은 연관관계를 갖는다. 보통 강도의 운동만 해도 면역체계의 항체와 림프구의 기능이 회복된다. 한 연구 결과를 보면, 암을 유발하는 가장 보편적인 원인은 활동 부족이다. 일례로 활동적인 사람은 결장암에 걸릴 확률이 50퍼센트나 낮다. 운동은 면역체계가 제대로 작동하게 하고 질병에 대항할 수 있도록 균형을 잡아준다. 나이가 들면 의욕과 관련된 주요 신경전달물질인 도파민이 저절로 감소하는데, 운동을 하면 낮아진 도파민의 수치가 다시 높아진다. 이는 노인성 질환인 파킨슨병 예방에도 도움이 된다. 미국의 신경과학자 아서 크레이머는 운동을 하지 않는 60~79세의 사람들을 대상으로 실험을 했는데, 그중 절반에게만 유산소 운동을 시켰더니 6개월 후에 노인들의 전두엽과 측두엽이 커진 사실을 확인했다. 6개월간의 운동이 60세 이상의 노인들의 뇌조차 바꾸어버린 것이다.

인류는 뇌의 진화를 통해 지구 상에서 가장 위력적인 종으로 거듭났다. 겉으로 보기에 인류의 뇌는 더 이상 변화가 없는 것 같지만 실제로는 명상, 학습 그리고 규칙적인 운동을 통해 끊임없이 뇌의 진화가 일어날 수 있다. 당초 과학자들은 사람의 뇌가 유전적으로 결정되며 20세 이후에는 더 이상 변화나 발전이 생기지 않는다고 믿었지만 이는 잘못된 오류임이 밝혀졌다. 20세 이후에도 다양한 노력을 통해 얼마든지 뇌를 긍정적으로 변화시킬 수 있기 때문이다. 전문가들은 이를 뇌의 '가소성(Neuroplasticity)'이라고 부른다. 물론 20세 이전 유아기와 청소년기에는 워낙 많은 변화들이 빠르게 일어나기 때문에 20세 이후의 변화는 유아기에 비해 상대적으로 느리게 보일 수도 있지만, 우리의 뇌는 성인이 된 이후에도 자가 학습과 긍정적 사고, 명상과 규칙적인 운동을 통해 지속적으로 변화할 수 있다.

# 학(學)의 종말,
# 습(習)의 시대

'학습'이라는 단어는 〈논어〉에서 유래되었다. "학이시습지(學而時習之)면 불역열호(不亦說乎)아 – 배우고 끊임없이 익히는 것이 어찌 즐겁지 아니하겠는가?"에서 따온 말이다. 학습은 이 구절의 준말로, 배운다는 의미의 학(學)과 익힌다는 뜻의 습(習)이 합쳐진 단어다.

　배운다는 것은 무엇일까? 공자가 활동했던 2,500년 전 사람들은 강의를 통해 배웠다. 당시에는 책이 매우 희귀한 자료였기에 공자나 맹자 같은 선각자들이 말로 하는 강의를 들으며 배웠다. 그런 강의를 듣는 것이 학(學)이라면 강의를 듣고 끝나는 것이 아니라 그 내용을 틈틈이, 시간 나는 대로 익히는 것이야말로 배움의 완성이었다. 그래서 공자는 "배운 것을 시간 나는 대로 익히는 것이 즐겁지 아니한가?"라고 했고, 여기서 학습이라는 말이 나왔다. 이처럼 동양은 이미 2,500년 전부터 배움을 '배울 학'과 '익힐 습'이라는 두 단어를 조합해서 만든 말을 사용해왔다. 즉, 배우는 것과 익히는 것을 구분하고 그것이 조화를 이루는 것이야말로 학습임을 알았다. 영어의 Learn이나 Study에는 이런 두 개의 뜻이 구분되어 있지 않다. 서양에서는 20세기가 되어서야 이 두 개념을 나눠서 규정했다. 헝가리 출신의 철학자 마이클 폴라니(Michael Polanyi)가 만든 말을 통해서다. 폴라니는 우리가 공부하는 지식 (Knowledge)을 명시적 지식(Explicit Knowledge)과 암묵적 지식 또는 내재화된 지식(Tacit Knowledge)으로 나누었다.

명시적 지식은 글이나 그림, 말 등의 형태로 표시되는 지식이다. 암묵적 지식은 문서로 표현되지 않는, 자신의 몸에 익히는 지식으로 타인에게 전달하기 힘든 지식이다. 가령 수영법의 여러 종류를 서술한 것은 명시적 지식이다. 내재화된 지식은 실제로 물에서 수영하면서 그 방법을 몸으로 익히는 것이다. 마이클 폴라니는 20세기가 되어서야 지식을 명시적 지식, 암묵적(내재적) 지식으로 나눴지만 동양은 그 차이를 일찌감치 알고 있었던 것이다.

배우고 익힌다는 뜻의 '학습'에는 이처럼 명시적 지식과 내재적 지식이 고스란히 담겨 있다. '학(學)'은 지식이나 정보를 배우는 명시적 지식에 해당한다. 수영의 영법에 대한 이론과 방법을 책으로 읽는 것이다. '습(習)'은 그 내용을 몸으로 직접 익히는 내재적 지식이다. 결국 학습이라 함은 명시적 지식과 내재적 지식을 모두 뜻한다. 따라서 공자가 말한 '학이시습지'는 지식이나 정보를 배우고 그것을 끊임없이 익혀서 내 몸 안에 저장하는 것이다. 명시적 지식은 말이나 글로 표현할 수 있어서 타인에게 전달하거나 공유할 수 있지만, 언어는 우리가 알고 있는 것을 표현하는 데 한계를 지닌다. 언어의 해상력이 인식의 해상력을 못 따라가기 때문이다. 우리가 알고 있는 모든 것을 말이나 글로 설명할 수 없는 이유이기도 하다. 인지 과학 전문가들은 명시적 지식이 차지하는 비중은 마치 빙산의 일각처럼 전체 지식의 10%도 안 된다고 말한다. 따라서 '학'이라는 과정은 인간이 소유한 지식 중 설명할 수 있는 일부만을 다루고 있다. 경험과 숙련을 바탕으로 한 내재적 지식 영역인 '습'이야말로 눈에 보이지 않는 진짜다.

우리는 보통 '공부'라고 하면 조용한 독서실에서 문제집을 풀거나 책을 정독하는 모습을 떠올린다. 앞에서 언급한 '학'의 일반적인 모습이다. 문제는 이 '학'의 과정이 그다지 효율적이지 않다는 것이다. 새로운 것을 배울 때 우리 뇌에는 '인지 부하'라는 것이 생긴다. 뇌 신경세포들이 서로 연결되기 위해 엄청 애쓰는 과정인 인지 부하로 인해 사람의 뇌는 한번에 처리할 수 있는 정보량에 한계를 나타내며, 그 한계가 넘어가면 말썽을 일으킨다. 너무 많은 정보가 한꺼번에 쏟아져 들어오면 중요한 내용을 미처 기억에 담지 못한다.

한 자동차 회사가 고객이 얼마나 많은 정보를 바탕으로 자기에게 맞는 차량을 선택하는지 실험했다. 대부분의 고객들은 3-4개 정도의 중요한 정보만으로도 자신에게 맞는 차량을 선택할 수 있었고, 최대 7개까지 정보량이 늘어날수록 더 옳은 결정을 하는 경향을 보였다. 하지만 그 이상의 정보를 제공받을수록 오히려 혼란스러워했으며 정보량이 더욱 늘어나자 엉뚱하고 잘못된 결정을 내리기 시작했다. 인지 부하로 인해 오히려 지나치게 많은 정보들이 서로 간섭을 일으켰기 때문이다.

이러한 사례에서 알 수 있듯이 뭔가를 제대로 배우려면 소화할 수 있는 정보의 양을 적절히 조절하고 깊게 생각해야만 한다. 이제는 손 안의 컴퓨터인 스마트폰으로 전세계의 모든 정보나 지식을 즉시 얻을 수 있다. 과거에는 책이 귀했고 주요 정보는 몇몇 지식인들에게 한정되어 있어 그 지식이나 정보를 소유한 사람들만 부와 명예를 누렸지만, 이제는 누구나 마음만 먹으면 전문가 수준의 정보를 손쉽게 찾을 수 있다. 인지 부하를 일으키는 너무 많은 정보가 오히려 더 큰 문제다. 최근 가짜 뉴스가 사회적 물의를 일으키는 것처럼 정보의 홍수 속에서 어떤 지식이 옳고 의미 있는지 판단하는 능력이 더 중요하다. 제대로 걸러지지 않은 명시적 지식을 아무 생각 없이 공부하는 것은 매우 위험하다.

'학(學)의 시대'가 저물어가는 또 다른 이유가 있다. '지식의 반감기'이다. 이는 시간의 흐름에 따라 해당 분야의 지식에서 반 정도만 살아남고 나머지 반은 오류로 밝혀지거나 낡은 내용이라서 더는 유효하지 않은 것을 뜻하며, 방사성 동위 원소 원자가 시간이 흘러 반 토막이 나는 데서 따온 말이다. 일례로 의학계는 불과 100년 전만 해도 열이 나는 사람의 열을 낮추기 위해 피를 빼는 것이 엄연한 정설이었다. 시간이 흘러 이처럼 잘못된 지식이나 오류를 수정하고 반 정도만 유효한 지식으로 남는 시간이 바로 해당 분야 지식의 반감기다. 물리학의 반감기는 약 10년, 비뇨기과는 7년, 성형시술은 9년, 경제학 및 수학은 9년, 심리학이나 역사학은 7년 정도이다. 이처럼 정보나 지식은 계속 수정 및 업그레이드되고 있다. 따라서 중고등학교 때 배운 지식이나 대학 시절 전공으로 배운 내용들도 졸업 후 몇 년이 지나면 반 이상이 쓸데없는 지식이 되어버린다. 인터넷에 차고 넘치는 정보의 홍수와 지식의 반감기라는 오류에서 벗어나려면 옥석을 골라내고 끊임없이 새로운 지식을 소화할 수 있는 능력이 가장 중요하다.

그렇다면 내재적 지식 영역인 '습'은 어떨까? 습(習)이란 말 그대로 내게 익숙한 상태를 의미하며, 상황에 맞게 자유자재로 구사할 수 있는 특징을 갖는다. 무언가를 아주 능수능란하게 할 수 있다는 영어 'master'와 비슷한 의미이다. 미식축구 선수들이 순간적인 판단으로 수십 미터의 기막힌 패스를 만들어내고, 세계적인 복싱 챔피언들이 전광석화 같은 펀치를 피할 수 있는 것도 이러한 습의 과정에서 나온다. 누군가 그들에게 그 비결을 묻는다면 그저 오랜 연습 덕분에 나도 모르게 저절로 되었다고 답할 것이다. 이렇듯 내재적 지식은 설명 가능한 언어의 영역에서 벗어난다. 우리의 몸과 마음에 이미 체득, 즉 내재화되어 있기 때문이다.

내재적 지식에서 가장 중요한 것은 '반복'이다. 동일한 특정 과정이 끊임없이 반복되면 '습관'이 형성된다. 습관에는 뇌 과학의 비밀이 숨어 있다. 오늘 운전하면서 출근했던 과정을 생각해보자. 운전하면서 무심코 보았던 앞 차의 번호판을 기억하는가? 출근 도로에서 지나쳤던 사거리의 신호등 숫자는? 이런 것을 기억하는 사람은 정상이 아닐 가능성이 높다. 뇌에 더 큰 문제가 생기기 전에 어서 병원에 가야 한다. 운전에 익숙한 사람이라면 이런 정보를 기억하지 않는 것이 당연하다. 이미 운전이 습관화되었기 때문이다.

우리가 습관을 형성하는 가장 큰 이유는 뇌를 효율적으로 사용하기 위해서다. 뇌는 일정 자극이 반복되어 습관화가 이루어지면 이를 무의식적으로 처리하게 만든다. 가뜩이나 저장해야 할 정보도 많고 처리해야 할 일이 많은 전두엽을 효율적으로 사용하기 위해 인류는 '습관'이라는 독특한 능력을 진화시켰다. 뇌를 최소한으로 사용하면서 숙련된 솜씨로 저절로 무언가를 해내는 매우 효율적인 과정이다. 이러한 습관이 개인의 삶에 얼마나 중요한지는 굳이 설명할 필요도 없을 것이다. 우리의 삶은 매일 반복되는 수많은 습관들을 바탕으로 저절로 운영된다. 내재적 지식도 습관과 매우 깊은 연관성이 있다. 명시적 지식이 내재적 지식으로 바뀌려면 수많은 반복과 연습 그리고 실제적 체험이 필요하기 때문이다. 이러한 솜씨나 습관 같은 내재적 지식에는 소뇌가 깊이 관여하는 것으로 알려져 있다. 그렇다면 내재적 지식은 얼마나 많은 반복과 시간을 통해 완성될까?

탁월함에 대해 오랫동안 연구를 했던 앤더스 에릭슨 박사는 〈1만 시간의 재발견〉이라는 책을 통해 흥미로운 사례를 제시한다. 그는 베를린의 한 명문 음악학교 학생들의 연습량을 조사했다. 그는 교수들로부터 바이올린 전공자들 중 세계적인 연주자가 될 만한 최고 수준의 학생들과 그냥 잘하는 수준의 학생들을 추천 받았다. 게다가 음악교육과에서 바이올린을 전공하는 학생들도 같은 수를 뽑았다. 음악교육과 학생들은 전문 연주자보다 음악 교사를 목표로 하고, 입학 기준도 더 낮았다. 최고 수준의 학생, 잘하는 수준의 학생 그리고 음악 교사를 목표로 하는 학생들 사이에는 여러 차이가 있었다. 가장 큰 차이는 이 학생들이 음악 학교에 들어오기 전인 18세까지 했던 연습량에서 드러났다. 최고 수준의 학생들은 이때까지 평균 7,410시간을 연습한 것으로 추정된 반면 잘하는 수준의 학생들은 5,301시간, 음악 교사가 목표인 학생들은 3,420시간 정도 연습한 것으로 나타났다.

바이올린이 아닌 피아노를 전공하는 학생들에게서도 비슷한 차이가 나타났다. 아직 학생이지만 공개 콘서트를 열 정도로 잘 치는 학생들이 18세까지 피아노를 연습한 시간의 평균 추정치는 7,606시간이었다. 반면 바흐를 연주할 정도의 실력인, 또래 아마추어들은 같은 기간 평균 1,606시간 정도 연습한 것으로 추정되었다.

하지만 여기에도 함정이 있다. 무조건 많은 시간을 연습했다고 탁월함에 이르는 것은 아니기 때문이다. '1만 시간의 법칙'의 핵심은 '얼마나 오래'가 아니라 '얼마나 올바른 방법'인지에 달려 있다. 그 동안 우리는 1만 시간이라는 숫자에만 집착해 오랫동안 해도 성과가 나타나지 않으면 쉽게 재능을 탓하며 포기하기도 했다. 1만 시간의 노력을 거쳐 최고가 되고자 한다면 시간만큼 중요한 것은 그 시간을 보내는 방법이다. 집중과 피드백 그리고 '수정하기'로 요약되는 '의식적인 연습(deliberate practice)'이 핵심이다. 악기 연주, 발레, 피겨스케이팅이나 기계 체조 같은 운동 등 어느 분야든 전문 훈련 방식은 이 원칙을 따르고 있다. 일주일에 한두 번 교습을 받고, 교사가 다음 시간까지 학생이 해올 연습 과제를 내준다. 과제는 학생의 현재 능력을 염두에 두고 계획적으로 부과되며, 현 기량을 살짝 넘어서는 정도로 학생을 밀어붙이는 것이 목적이다. 앤더슨 박사는 개인이 실력 향상을 위해 스스로 꾸준히 노력하는 것도 중요하지만 '충분한 정보에 근거한 올바른 연습'이 진짜라고 말한다. 목표도 중요하지만 목표에 도달할 수 있는 '제대로 된 방법'이 더욱 중요하다는 의미이다. 1만 시간의 법칙이라는 숫자의 오류에 빠져서는 안 되는 중요한 이유이기도 하다. 1만 시간의 법칙은 올바른 방법을 바탕으로 한 '습의 노력'을 의미한다.

습의 중요성은 단지 어떤 분야의 탁월함에만 그치는 것이 아니다. 우리가 흔히 천재들만의 영역으로 치부하는 창의성이나 직관과도 깊은 연관성을 갖는다. 인지과학자 유재명 박사는 이렇게 말한다.

"흔히 창의성을 키운다면서 과도하게 새로운 발상에만 주목하는 경향이 있다. 물론 새로운 발상도 중요하고 호기심이나 다양한 시도도 중요하지만, 그것만으로는 창의적 사고라고 할 수 없다. 왜냐하면 창의성이란 새로울 뿐만 아니라 유용하기도 한 결과를 내놓을 수 있는 능력을 말하기 때문이다. 새롭기만 하고 쓸모 없는 결과라면 창의적이라고 하기 곤란하다. 창의성에서 발상의 중요성은 과대평가되고 있는 반면에 지식과 노력의 가치는 전반적으로 경시되고 있다. 사실 기초적인 지식과 기술을 쌓고 수많은 시행 착오를 통해 내 것으로 바꾸어가는 노력을 해야만 마침내 창의성이나 직관도 생긴다는 점이다. 아인슈타인은 공부 못하는 엉뚱한 학생이었고 평범한 특허청 직원이었다가 기발한 발상으로 상대성 이론을 발견했다고 알려져 있지만, 실제로 아인슈타인의 고등학교 성적표는 A로 가득하고 세계적으로 명성이 높은 대학에서 박사학위를 받아서 오랫동안 연구에 매진했다. 과학 분야의 노벨상 수상자들 중의 절반은 노벨상을 이미 받은 스승 밑에서 교육을 받았고, 남들보다 2배는 많은 논문을 써냈다. 그들은 평균적으로 20대 중반에 박사학위를 받아서 30세 후반 무렵에야 노벨상에 해당하는 업적을 이뤄냈다." 창의성은 수많은 지식들을 내재화하는 오랜 습의 과정을 바탕으로 서서히 만들어진다. 내가 잘하면 노력이고 남이 잘하면 단지 재능으로 여겨서는 안 되는 이유다.

우리는 왜 공부하는가? 시험을 잘 봐서 좋은 성적을 받아 좋은 대학에 들어가고 좋은 직업을 갖기 위해 학(學)에 매진해왔다. 비뚤어진 학(學)에 대한 경쟁 때문에 사교육 광풍이 불고 대한민국을 헬조선으로 만들어가는 안타까운 현실이다. 하지만 이런 구시대적인 학(學)에는 더 이상 미래가 없다. 앞서 살펴본 것처럼 머지않은 미래에 인공지능의 등장으로 인해 다수의 고소득 전문가 직업이 사라질 전망이다. 이제는 학(學)에 매진하던 시간을 습(習)에 쏟아 부어야 한다. 잘못된 학(學)은 종말을 맞이하고, 진정한 습(習)의 시대가 오고 있다.

# 습(習)의 시대를 준비하는
# 7가지 조언

지구 상에 유일한 지성을 가진 존재였던 인류를 대신할 수 있는 새로운 지능이 탄생하고 있다. 딥러닝에 기반한 학습 능력을 갖춘 인공지능이다. 그러나 1.5kg에 불과한 우리 뇌의 효율성은 여전히 인공지능을 압도한다.

인간의 뇌는 하루에 불과 수십 와트 정도의 에너지로 구동된다. 우리가 매일 섭취하는 음식은 뇌를 구동하기 위한 에너지인 셈이다. 반면 '알파고'라는 인공지능이 제대로 작동하려면 1,200개의 컴퓨터의 연산 능력이 필요하고 이를 구동하기 위해 많은 전기 에너지를 소비한다. 또한 인공지능은 수많은 학습 데이터를 필요로 한다. 일차적으로 학습이 이루어진 뒤에 새로운 알고리즘으로 업데이트하려면 또다시 처음부터 학습 과정을 거쳐야 한다. 학습 데이터 자체도 별도 비용이다. 인류는 이미 수백만 년의 진화 과정을 통해 직관이라는 형태의 선행 학습이 저장되어 있으므로 새로운 지식에 대한 학습의 효율이 높다. 고양이를 고양이로 인식하기 위해 수만 마리의 고양이를 경험할 필요가 없는 것이다.

인공지능을 실생활에 적용할 때 반드시 고려해야 할 점은 '비용'이다. 인공지능에 들어가는 전체적인 비용을 감안한다면 아직은 인류의 뇌가 훨씬 효율적이다. 따라서 학습 능력을 갖춘 인공지능은 사람이 해결할 수 없는 아주 어려운 문제나 경제적으로 수지타산이 맞는 영역에 우선 적용될 것이다.

2013년 발간된 보고서 〈고용의 미래〉에는 인공지능이 등장해도 사라지지 않을 직업 중 하나로 고고학자를 꼽는다. 왜 그럴까? 고고학자가 하는 일을 인공지능에게 시키더라도 별로 돈이 되지 않기 때문이다. 즉, 경제적 타당성이 떨어진다. 이에 비해 의사가 하는 진단 업무는 인공지능으로 대치하는 것이 훨씬 경제적이다. 의사를 만드는 데 드는 사회적 비용은 높고 시간도 오래 걸리지만 환자 숫자에 비해 늘 의사는 부족하다. 따라서 질병을 진단하는 인공지능을 개발하는 데 많은 비용이 들더라도 그에 따른 경제적 타당성이 높다고 볼 수 있다. 고소득 전문 직종이 우선적으로 인공지능의 적용 대상이 될 것으로 보는 이유이기도 하다. 지금 고

소득 전문직으로 각광받는 의사, 변호사 등 소위 '사자' 직업군이 나중에는 "아니, 그런 돈 안되는 공부를 왜 하려 해요?"라고 묻게 되는 날이 올 수도 있다.

자율주행자동차에 대한 기대가 높지만 높은 제작 비용은 여전히 현실 적용에 큰 걸림돌이다. 아직은 1대당 최소 수억원 정도의 비용이 든다. 일반적인 산업 로봇도 최소 수천만원 정도의 비용이 든다. 혁신적인 기술이 등장한다고 해서 곧바로 실생활에 적용되는 것도 아니다. 신기술은 시작 단계에서 높은 비용이 드며 경제적 타당성을 거쳐야만 살아남을 수 있기 때문이다. 결국 새로운 비즈니스 혁신을 거쳐 그 비용을 기하급수적으로 낮출 수 있는지가 관건이다. 인공지능은 '초기 비용'이라는 숙제를 안고 있다. 따라서 아직은 시작 단계인 인공지능 시대를 우리는 어떻게 준비해야 좋을까?

## 첫 번째, 학습 데이터가 적은 분야를 주목하라

인공지능의 원리에서 살펴본 것처럼 인공지능은 학습 데이터가 없으면 무용지물이다. 학습 데이터는 정답이 알려진 데이터이다. 일례로 사진 판독의 경우 수많은 사물의 이미지와 이름이다. 인공지능이 우선적으로 사진이나 영상 판독에 적용되는 이유는 인터넷에 존재하는 수많은 사진 빅데이터 덕분이다. 아직까지는 사진이나 영상, 음성 정보를 판독하고 이를 정확하게 구분하는 데 활용되고 있다. 알파고도 바둑을 두는 방법을 정리한 16만장의 기보 덕분에 이길 수 있었다. 향후 인공지능을 의료 분야에 적용하려는 이유는 이미 존재하는 수많은 의료 진단 데이터를 활용하기 위해서다. 인간의 오감과 지식을 정량화시킨 빅데이터가 존재하는 영역은 인공지능을 빠르게 적용할 수 있을 것이다.

하지만 현실적으로 우리를 둘러싼 모든 환경이나 전체 산업 영역의 지식을 빅데이터로 바꾸기에는 한계가 있다. 또한 인공지능의 발전으로 기계가 인식할 수 있는 정형 데이터의 비율은 증가하겠지만 가치적 판단이 필요한 철학 문제나 윤리 영역에는 강한 인공지능 기술이 필요하므로 이를 구현하기란 쉽지 않을 전망이다. 인간의 의식 자체가 아직 과학적으로 규명되지 못했기 때문이다. 강한 인공지능은 아직은 과학적 허구임을 기억하자.

**두 번째, 학습 데이터를 주도적으로 생성하라**

반대로 생각하면 인공지능이 이해할 수 있는 학습 데이터를 생성하는 사람은 인공지능을 도구로 적극 활용할 수 있는 기회를 갖는다. 이러한 기회를 잡으려면 인공지능에 대한 공부가 필수이며 현재 몸담고 있는 분야를 새롭게 바라보는 시각이 필요하다. 창조적 파괴가 불가피하다면 그 피해자가 되기보다는 혁신가가 되어야 한다. 이는 인공지능을 활용하여 문제를 적극적으로 해결하려는 자세로 이야기 할 수 있다. 강력한 인공지능을 적으로 삼느니 친구가 되는 것이 나은 선택이다. 다시 말해 인공지능을 도구로 활용하여 문제를 해결할 수 있는 능력을 확대하는 방법이다. 인간이 언어를 습득하는 과정을 밝혀내기 위해 이러한 접근을 한 흥미로운 사례가 있다.

MIT 연구원 뎁 로이(Deb Roy)는 아이가 태어나자 집 안에 수십 대의 카메라를 설치하여 아이가 2년 동안 언어를 습득하는 과정을 전부 녹화했다. 이를 빅데이터로 바꾼 뒤 시공간을 분석한 결과 새로운 언어를 습득하는 과정은 단순한 반복에 의해서가 아니라 주어진 상황 속에서 사용되는 단어의 맥락을 깨달으면서 습득하게 된다는 점이었다. 일례로 아기가 태어나서 처음으로 '물'이라는 단어를 말하는 순간, 2년 동안 '물'이라는 단어에 노출된 시간과 장소를 추적해보니 부엌 근처에서 매우 높은 빈도를 보였다. 이러한 언어 습득 원리는 인공지능을 학습시키는 방법으로 사용될 수 있고, 다른 종류의 빅데이터를 분석할 때도 유용하게 사용될 전망이다. '오토데스크(AutoDesk)'라는 회사는 인공지능이 스스로 3차원 캐드(CAD) 디자인을 생성하는 프로젝트인 '드림캐처(Dream Catcher)'를 진행 중이다. 경주용 자동차 차량의 프레임에 다양한 종류의 센서를 부착한 뒤 1주일간 사막 같은 험지를 다니며 센서를 통해 약 40억 개의 데이터를 수집했고 이를 인공지능의 학습 데이터로 활용했다. 인공지능이 생성한 자동차 프레임 디자인은 전문가들이 전혀 상상하지 못했던 새롭고 놀라운 디자인이었다. 이들은 향후 고객과 프로젝트 형식으로 다양한 제품 디자인에 참여할 예정이며 더 우수한 제품을 좀더 짧은 기간에 개발할 수 있으리라 전망한다. 다행스럽게도 인공지능은 50년이라는 시행착오를 거쳐 이제 막 새로운 출발을 준비하고 있는 상태다. 상대적으로 새로운 분야이기에 아직은 누구에게나 활용할 수 있는 기회가 있다.

### 세 번째, 자가 학습을 통해 직업적 유연성을 가지라

인간의 수명은 길어지고 인공지능으로 인해 직업이 사라지는 시대가 전망되고 있다. 공무원 같은 평생 직업은 멀지 않은 미래에 없어진다는 뜻이다. 앞으로는 누구나 6개 이상의 직업을 바꾸는 시대가 온다고 한다. 향후 10년 동안 학습이 가능한, 약한 인공지능이 급속히 발전하면 동일 작업을 반복하는 서비스 직군이나 고소득 전문직을 우선적으로 대치할 것이다.

아직까지 인공지능이 취약한 부분은 서로 이질적인 분야가 맞물리는 융합 분야이다. 인공지능으로 구현하기 가장 어려운 직업은 아마 깊은 밀림에서 사는 원시인일 것이다. 원시인은 생존을 위해 수렵, 채집도 해야 하고 요리도 할 줄 알아야 하며 거처할 집도 지을 수 있어야 한다. 최소한 15개의 직종을 소화해낼 수 있어야 한다. 서로 다른 것을 통섭하고 융합하는 능력은 사람이 여전히 뛰어나다. 뇌와 학습의 비밀에서 살펴본 것처럼 뇌의 가소성에는 한계가 없기 때문이며 그것이 인류 진화의 비밀이기 때문이다.

미국의 '유다시티(Udacity)' 같은 교육 기업은 최근 발전하고 있는 다양한 신기술을 누구나 쉽게 학습할 수 있는 기회를 제공한다. 초보자를 위한 기본 프로그래밍 학습뿐 아니라 기계학습, 인공지능, 자율주행자동차, 가상현실, 로보틱스, 비즈니스 분석, 데이터 사이언스 등 새롭게 주목 받는 기술들을 프로젝트 형식으로 학습할 수 있게 하고 인증을 위한 나노 학위까지 수여한다. 실제로 이러한 획기적인 교육 방법을 통해 자율주행차 기술을 6개월 만에 시연하기도 했다.

앞으로는 새로운 기술을 빠르게 습득하고 다양하게 활용하는 능력이 더욱 중요해질 것이다. 강자가 살아남는 것이 아니라 끊임없이 바뀌는 환경에 빨리 적응하는 종이 살아남는 원리이다. 이제는 의사도 인공지능을 공부해야 하고 기업가도 빅데이터를 다룰 줄 알아야 한다. 디자이너도 심리학을 공부해야 하고 엔지니어가 인문학을 이해해야 하는 시대가 오고 있다. 자가학습을 통해 다양성을 갖춘 전문성과 유연성이야말로 핵심 역량이다.

## 네 번째, 명상과 몰입을 통해 뇌를 강화하라

앞서 살펴본 것처럼 정보 지능 기술이 발전할수록 미래를 준비하지 않는 인간의 뇌는 퇴화할 가능성이 높다. 언젠가는 생명공학과 뇌 과학의 발전을 통해 인간의 뇌를 인위적으로 강화하는 방법도 등장하겠지만 별다른 비용을 들이지 않고 지금부터 스스로 훈련할 수 있는 좋은 방법이 있다. 바로 명상과 몰입 그리고 규칙적인 운동을 통해 뇌 시냅스를 강화하고 뇌 건강을 유지하는 방법이다.

　명상과 몰입의 궁극적 목적은 직관과 혜안을 키우고 행복한 마음을 만드는 것이다. 인간의 창의성은 적당한 교란이 있을 때 극대화된다. 모든 것이 완벽히 정리 정돈되어 있고 변화가 없는 반복적인 생활에서는 창의성을 발휘하기 힘들지만, 혼란스러울 정도로 변화가 심해도 창의성을 발휘하기란 어렵다. 이질적인 것이 적당히 맞물린 상태에서 새로운 시너지를 발휘하려면 서로 다른 분야에 대한 학습과 함께 명상 혹은 몰입 같은 과정을 통해 내면화하는 과정이 반드시 필요하다. 물론 인공지능이 창의성을 발휘하는 영역까지 잠식하겠지만 이는 학습 데이터를 바탕으로 발휘되는, 제한된 창의성이다. 결국 창의성에 대한 학습 데이터는 인간으로부터 제공된다. 인공지능이 질문에 대답하는 능력을 갖추는 방향으로 발전한다면 인간은 질문을 던지는 호기심의 영역으로 방향을 잡아야 한다. 인간 고유의 창의성은 우리를 둘러싼 세상에 대한 호기심에서 출발하며 명상과 몰입을 통해 강화되기 때문이다.

명상과 몰입 그리고 규칙적인 운동의 또 다른 긍정적인 기능은 별도의 사회적 비용 없이도 구성원들의 건강과 행복에 크게 기여한다는 점이다. 대한민국은 2017년 65세 이상 노인 인구가 전체 인구의 14%를 넘어 이미 '고령 사회'에 진입했다. 당초 예상보다 1년이나 빠른 속도다. 노인 인구가 20% 이상이면 초고령사회로 정의된다. 머지않아 2026년에는 노인 인구 비율이 20%를 넘어설 것으로 예상된다. 초고령사회 진입에 따른 문제는 누군가가 대신 해결해야 할 사안이 아니라 머지않은 미래에 누구에게나 닥쳐올 재앙이다. 사회 경제적 비용 문제뿐 아니라 노인성 질환 및 외로움으로 인한 불행에 대한 근본적 접근이 필요하다. 심리학자 및 뇌 과학자들의 명상과 규칙적인 운동에 대한 흥미로운 연구 결과는 초고령사회를 맞이하는 우리에게 한줄기 희망을 제시한다.

## 다섯 번째, 철학적 접근과 윤리적 분석의 중요성을 이해하라

향후에는 인공지능과 생명공학과 관련된 윤리 문제가 많이 대두될 것이다. 일례로 자율주행자동차 기술의 경우, 4명이 탄 자동차와 1명이 탄 자동차가 사고를 피할 수 없는 상황이라면 피해를 최소화하기 위해 인공지능은 어떤 선택을 할까? 4명의 목숨을 구하기 위해 1명의 목숨을 희생하는 것이 과연 윤리적으로 옳은 선택일까? 알츠하이머나 치매에 걸린 노인을 치료하는 획기적인 생명공학 기술이 개발되었다고 하자. 이 기술을 시장의 수요 공급 법칙에 따라 사용하는 것이 맞을까, 빈곤층까지도 골고루 혜택을 받도록 국가에서 적극 개입하고 지원하는 것이 맞을까? 향후 인공지능과 생명공학 기술이 발전할수록 사람이 결정할 수 있는 영역은 더 줄어들 텐데 어떤 의사결정 시스템을 만드는 것이 과연 옳을까?

결론적으로 새로운 미래 기술에 대한 철학적 접근과 윤리적 분석이 매우 중요해질 것이다. 이를 바탕으로 빅데이터와 인공지능이 일부 권력층의 수단으로 전락되지 않도록 하기 위한 새로운 견제 장치도 개발할 수도 있고 사회 시스템을 재정비할 수도 있을 것이다. 또한 매일 쏟아져 나오는 정보의 홍수 속에서 방향을 잃지 않기 위해서라도, 나아가 급속하게 발전하는 인공지능에게 무력하게 종속되지 않기 위해서라도 인문학적 성찰은 매우 중요하다. 인공지능을 포함한 새로운 기술들은 그 자체로는 언제나 가치중립적이기 때문에 좋다 나쁘다라고 쉽게 판단할 수 없다. 결국 문제는 그것을 사람들이 어떻게 사용하는지에 달려 있다. 호모 사피엔스는 자신을 성찰할 수 있는 능력을 지닌 존재이다. 나와 내 가족을 넘어서 사회와 국가를 위해 그리고 나아가 인류를 위해 올바른 판단과 지혜로운 결정을 내리기 위해 우리는 끊임없이 성찰을 해야 한다.

## 여섯 번째, 외국어를 학습하라

인공지능의 발전으로 자동 번역 기술이 획기적으로 발전하겠지만 그럼에도 불구하고 외국어 학습은 여전히 중요하다. 외국어 능력의 핵심은 '소통'이고 사람의 마음을 움직이는 능력이다. 사람과 사람의 소통은 의미 위주의 언어 요소도 중요하지만 표정, 제스처, 맥락, 문화, 감정, 공감 능력 등 비언어 요소에도 많이 의존한다. 따라서 자동 번역이 제공하는 언어적 의미 전달만으로는 소통에 한계가 있다. 대부분의 사람들이 외국어 학습을 하지 않고 인공지능을 통한 자동 번역에 의존할수록 역설적으로 외국어 구사 능력은 더욱 희소가치를 갖는다. 또한 외국어 능력은 다양한 정보를 직접적으로 얻을 수 있는 좋은 기회를 제공하며, 전혀 다른 언어와 사고 방식을 가진 사람들과 의사소통을 하는 과정에서 새로운 관점을 얻으며 사고의 폭을 넓히는 계기가 된다.

외국어 학습은 뇌 과학적으로도 유용하다. 생소한 외국어를 학습하는 과정에서 새로운 뇌 신경을 연결하게 되어 시냅스가 강화되며 뇌 언어 영역에 독특한 자극을 준다. 외국어 소통 능력을 통해 자연스럽게 얻어지는 문화적 포용성과 인맥 또한 새로운 기회를 제공할 것이다. 외국어 학습은 인공지능 시대에도 여전히 가성비가 훌륭한 미래 투자다.

외국어를 공부해야 하는 또 다른 이유는 뇌 근육 강화다. 현대인은 인공지능 디지털 장비의 노예가 되고 있다. 점점 생각하지 않게 되면서 뇌를 퇴화시키고 있으며 이는 향후 치매와 같은 심각한 뇌질환으로 이어질 수 있다. 인생이 길어지면서 점점 그 중요성이 부각되는 것이 코어 근육이다. 엉덩이 근육이나 척추 근육 같은 코어 근육을 단련해야 노년에도 건강한 몸을 유지하고 활기차게 살 수 있다. 각종 영양제에 보약을 먹으면서 건강을 지키려고 노력하는데, 정작 코어 근육이 없으면 꼬부랑 노인으로 힘든 노년을 보내야 한다. 뇌도 마찬가지라서 뇌 근육 강화운동이 필요하다. 뇌는 어떻게 강화 운동을 할까? 흔히 우리나라에서는 고스톱을 치면 치매에 안 걸린다는 속설이 있다. 영국의 택시기사들은 치매가 없다는 말도 있다. 꼬불꼬불 복잡한 길을 지도 없이 매일 달리다 보니 뇌가 강화되어서 그렇단다. 이처럼 뇌를 단련하는 가장 효과적인 뇌근육 강화운동 중 하나가 외국어 학습이다. 외국어를 배우면 그만큼 인생을 풍요롭게 살 수 있을 뿐 아니라 뇌도 젊어지고 단련되어 치매를 예방할 수 있다. 특히 영어와 중국어는 미래를 위해 필수적으로 배워야 한다고 생각한다.

4차 산업이 화두가 되면서 어릴 때부터 코딩교육을 시켜야 한다는 말이 나온다. 앞서 각 산업혁명마다 주인공 산업이 있었고 주도하는 나라가 있다고 했다. 3차 산업혁명인 컴퓨터와 인터넷 시대의 숨은 수혜국가가 또 하나 있는데 바로 인도다. 수학과 공학에 뛰어난 인도 출신 인재들이 대거 실리콘밸리에 진출하여 소프트웨어 산업의 주인공으로 활약 중이다. 이들이 이렇게 글로벌 기업에 취직할 수 있었던 것은 수학, 과학 분야에 뛰어난 인재들인 동시에 영어를 잘하기 때문이다.

우리나라 인재들이 어릴 때부터 코딩을 배워서 웬만한 대학 졸업생들이 다 코딩을 척척 할 줄 안다면 어떻게 될까? 코딩을 배우려면 기본적으로 영어를 배워야 한다. 소프트웨어의 개발 언어들이 모두 영어이기 때문이다. 또한 4차 산업을 주도하고 있는 나라가 미국과 중국이다. 중국 인재들은 기본적으로 중국어를 하면서 영어를 공부하고 있다. 즉, 중국어와 영어를 구사하는 중국 인재들이 4차 산업을 주도하고 있다. 지금 우리나라는 지정학적으로 오래 전부터 미국과 중국의 사이에 낀 샌드위치 신세다. 정치적으로뿐 아니라 4차 산업시대에도 미국과 중국 사이에서 도전해야 하는 처지다. 하지만 생각만 바꾸면 이는 우리에게 엄청난 기회일 수 있다. 우리의 젊은이들이 영어와 중국어로 무장한다면 4차 산업의 주력 인재로서 중국이나 미국 등의 글로벌기업에서 활약할 수 있다. 상황이 이러한데 영어와 중국어는 기본으로 배워야 하지 않겠는가? 뇌 근육을 강화하기 위해서도, 세계에서 활약하는 인재가 되기 위해서도 중국어와 영어를 배우자.

요즘 일부에서는 "이제 인공지능 통역기가 등장할 텐데 뭐 하러 영어공부에 시간을 낭비하느냐?"는 주장을 하기도 한다. 그렇다면 계산기가 발명되었는데 왜 수학이나 산수를 공부하는가? 척척 계산을 다 해주는데 말이다. 그 말대로라면 이제 인간은 운전도 배울 필요가 없고 영어나 다른 언어를 배울 필요도 없으며 심지어 간단한 산수조차도 배울 필요가 없을 것이다. 아무것도 배우지 않아도 되는 인간… 그게 과연 인간일까?

## 일곱 번째, 직업과 소득이 분리되는 시대를 준비하라

인공지능이 본격적으로 확대되어 대부분의 일자리가 사라진다면 우리는 어떤 삶을 살게 될까? 인공지능 산업이 창출하는 새로운 부가가치와 경제 성장을 국가에서 세금원으로 활용하여 전체 국민의 기본적인 복지를 실현하는 방법을 생각할 수 있다. 그렇게 되면 마침내 직업과 소득이 분리되는 시대가 온다. 누구나 일하지 않아도 기본 생계를 해결할 수 있다. 이런 새로운 삶의 방식이 우리에게 어떤 의미로 다가올지 은퇴자들의 삶을 살펴보면 힌트를 얻을 수 있다.

미국에서 정상적으로 경제 활동을 한 65세 이상의 베이비부머 중산층 세대는 사망 시까지 국가로부터 건강보험과 연금을 지급받는다. 이들 대부분은 이미 30년 주택 담보 대출을 상환하여 본인의 집을 소유하고 있어서 기본 생활을 하는 데는 문제없다. 하지만 은퇴 이후 사회적 지위도 없어지고 직업적 관계로 교류하던 인간관계가 사라지면서 심각한 외로움과 무료함을 겪는다. 자아 상실을 느끼는 것이다. 이러한 불안한 감정 상태는 배우자와의 잦은 트러블을 일으키고 황혼 이혼의 원인이 되기도 한다. 할 일도 없고 반겨주는 사람도 없는 고독한 삶을 영위해야 한다. 인공지능의 확대로 인해 직업과 소득이 분리되면 이 문제는 단지 노인뿐 아니라 전체 성인 세대로 확대될 수 있다.

그렇다면 직업과 소득이 분리된 미래에 삶의 목표를 잃고 비참한 삶을 살지 않기 위한 가장 좋은 방법은 무엇일까? 무언가를 배우면서 순수한 즐거움을 느낄 수 있는 기회를 누리는 것이다. 학습을 통해 본연의 욕구를 충족하는 과정에서 삶의 의미와 기쁨을 찾을 수 있다. 소득을 위한 직업에서 벗어나 자발적인 학습을 통해 자아를 실현하는 방법이다. 이러한 학습 과정에서 관심 분야의 새로운 사람들과 자연스럽게 다양한 교류를 가질 수 있다. 또한 지속적인 학습을 통해 새로운 것을 만들어가는 진정한 창작의 기쁨을 느낄 수 있다. 순수한 학습의 대상은 무궁무진하다. 취미 수준의 활동이 될 수도 있고 새로운 전문 분야일 수도 있으며 미래 세대에 도움이 되는 자원 봉사나 NGO 활동도 있다. 내가 좋아하고 잘하는 것을 통해 누군가에게 도움을 주면서 더 좋은 세상을 만들어간다는 보람은 호모사피엔스 인류가 공통적으로 느끼는 행복 중 하나다. 직업과 소득이 분리되는 인공지능 시대를 맞이하며 '자가 학습' 능력은 인류의 본질적인 관점에서 여전히 그리고 언제나 중요하다.

# CEO
# 부군신위

'학생부군신위(學生府君神位)'라는 말이 있다. 제사 지낼 때, 벼슬 없이 돌아가신 분의 영정에 쓰는 지방을 말한다. 벼슬은 없었지만 평생을 배우며 살다 간 사람이라는 뜻에서 '학생'이라는 말을 붙인다. 참 멋있는 말이다. 인간으로 태어나 일평생을 배우며 살다 인생을 마감하는 우리 호모사피엔스의 삶을 이처럼 극적으로 표현하는 말이 있을까.

그러나 이제는 'CEO부군신위'의 시대가 될 것이다. 모든 사람이 CEO가 될 거라는 말이다. 생활 수준의 향상과 의학 발달로 인간의 수명은 길어졌다. 퇴직은 빨라지고 인생은 길어지는 시대, 인생의 절반은 퇴직 이후가 되는 사회, 더구나 인공지능 로봇에게 많은 일자리를 빼앗기는 사회를 맞이한다. 인공지능에게 빼앗기지 않는 직업 중 하나가 사업가다. 1인 기업이든, 2명짜리 작은 회사든 앞으로 많은 사람들은 CEO로 살게 될 것이다. 이제 곧 인공지능의 획기적인 발전으로 수많은 직업이 사라질 것이다. 단순 업무부터 글 쓰는 기자, 소설가, 화가, 의사 등 수많은 직업을 인공지능이 대체할 것으로 전망된다. 의사, 변호사, 교사, 군인, 엔지니어, 예술가 등 전문 직종일수록 하루가 다르게 발전하는 인공지능이 침투하기 쉽다. 전문화의 정도가 높을수록 오히려 이를 알고리즘으로 구현하기가 쉽기 때문이다. 반면 사업가는 그런 인공지능이 대체하기 어려운 직업일 것이다. 주어진 상황을 통합적으로 사고해야 하고 수많은 어려운 결정을 내려야 하며 투자자, 고객, 협력업체, 임직원 등 사람들의 마음을 헤아릴 줄 알아야 한다. 그중 가장 핵심 역량은 사람들의 신뢰를 모으고 이것을 협력으로 만드는 능력이라고 생각한다.

훌륭한 사업가가 되려면 미래를 보는 혜안과 자신을 아는 것이 중요하다. 사업가들은 주변에 널려 있는 다양한 문제에 관심을 가진다. 다양한 문제는 곧 신사업의 기회이기 때문이다. 사람들에게 무엇을 줄 수 있을지 고민하고 문제에 놓여 있는 사람들을 도우려 한다면 돈과 기회는 저절로 따라오게 된다. 필자들은 청년 창업이 대한민국의 미래라고 생각하지만, 창업은 결코 쉬운 일이 아니다.

호기롭게 창업해도 몇 달도 못 버티고 실패하는 경우도 허다하다. 사업이 실패하는 가장 큰 이유는 무엇일까? 스티브 잡스는 생전에 인터뷰에서 이렇게 말했다. "돈을 벌려는 목적이라면 사업을 하지 말라." 너무 힘들기 때문에 대부분 포기한다는 것이다. 사업가는 열정과 믿음을 필요로 하는 직업이다.

사업에 실패하는 또 다른 이유는 철저한 준비 없이 시작하기 때문이다. 보통 자기 돈으로 사업을 시작할 때 그런 경우가 많다. 자기 돈으로 자기가 하고 싶은 사업을 하거나 준비 없이 시작하면 사업 아이디어와 계획의 현실성을 객관적으로 검증 받는 과정을 놓치기 쉽다. 투자자들이나 제3자의 날카로운 피드백은 사업 성공을 높이는 거름과 같다. 대부분 수 차례 투자 유치에 실패하다가 막바지에 성공하는 원리도 여기에 있다. 그 과정을 통해 비즈니스 전략이 여러 번 수정되고 보완되기 때문이다. 그렇다면 투자 유치에 성공한 스타트업들이 어려움을 겪는 이유는 무엇일까? 순진한 스타트업들은 획기적인 제품이나 서비스를 내놓으면 바로 대박 날 거라 생각한다. 그러나 실제로 신기술이나 서비스가 시장에서 제대로 평가받고 많은 사람이 사용하기까지는 오랜 시간이 걸린다. 비즈니스의 성장은 선형적으로 이루어지는 것이 아니라 시작 단계에서는 예상보다 느리게 진행되다가 티핑포인트에 도달하여 갑자기 도약하는 형태를 보이기 때문이다. 그런데 대부분의 스타트업은 이런 속성을 무시한 채 어렵게 유치한 투자를 한꺼번에 개발 비용이나 마케팅 비용으로 집어넣는 오류를 쉽게 범한다. 대포를 쏘기 전에 먼저 총알을 수 차례 날려보는 전략이 필요하다. 특히 새로운 기술이나 제품들은 티핑포인트에 도달하기까지 그 가치와 잠재력을 제대로 평가받기 위해 끊임없는 시장 평가와 피드백을 통해 다듬어가야 한다.

그렇다면 이미 성공하여 본격적인 궤도에 오른 사업이 실패하는 이유는 무엇일까? 자만심에 빠지기 때문이다. 계속 성공을 향한 탄탄대로에 있다는 착각 때문이다. 곳곳에 도사리고 있는 위기 요소와 경쟁사 및 팔로워의 출현을 대수롭지 않게 생각하기 때문이다. 자만심으로 인해 산업을 통째로 바꿀 혁신 기술의 파괴력을 제대로 파악하지 못한다. 수십 년 된 대기업들이 망하는 이유는 무엇일까? 대기업이 된 이후 초창기의 기업 철학과 원칙이 그야말로 액자에만 존재할 뿐, 현실에서는 전혀 힘을 발휘하지 못하기 때문이다. 인간은 의사소통을 통해 보이지 않는 것을 믿으며 거대 협력을 이루는 특징을 가지고 있다. 기업이 무엇을 추구하고 어디로 가는지에 대한 믿음은 엄청나게 중요하다. 공통된 믿음은 사장부터 말단 직원까지 하나로 묶는 협력체제를 만들기 때문이다. 경영학의 구루 짐 콜린스는 이를 집착에 가까운 원칙과 변함없는 핵심 경영 철학으로 표현했다.

하고 있는 일을 당장 그만두고 사업을 시작할 필요는 없다. 지금 다니는 회사 안에서도 얼마든지 이러한 사업 속성에 대해 의식적 훈련을 할 수 있다. '만약 내가 사장이라면 어떻게 할까?' 생각해보라. 돈이나 시간이 드는 일도 아니다. 그저 내가 이 회사의 사장이라면 어떻게 할지 의식훈련을 하는 것이다. 이를 'CEO 마인드 훈련(CEO Mind Training)', 줄여서 CMT이라고 하자. 사장의 마인드로, 오너의 마인드로 회사의 사무실 인테리어부터, 사무실 내 쓰레기통, 화장실 청소에 이르기까지 아주 작은 것부터 매사에 사장이라면 어떻게 할지 틈틈이 생각하는 것이다.

CMT는 현재 하고 있는 일에도 도움 될 뿐 아니라 훗날 사업가로 거듭날 수 있는 훌륭한 훈련 기회를 제공한다. 인생은 길어지고 직업의 유지 기간을 짧아지는 시대, 누구나 인생에서 한 번은 꼭 하게 되는 CEO. 지금 무슨 일을 하든 결국에는 누구나 한 번은 '사장님' 소리를 듣게 되는 시대가 온다. 지금부터 CMT를 시작하자. 내가 사장이라면 어떻게 하겠는가?

_____

필자가 제일 좋아하는 고사성어로 '남상(넘칠 람濫 잔 상觴)'이 있다. 말 그대로 "잔이 넘친다"는 뜻이다. 중국에서 가장 큰 강인 장강 (長江, 양쯔강으로 알려져 있는데 이는 장강의 한 부분을 일컫는 말로 장강이 원래 이름)에서 유래했다. 무려 6,211km를 달려 중국 대륙을 동에서 서로 관통하여 남중국해로 흐르는 장강의 원류를 거슬러 올라가면 겨우 잔 하나 넘치게 할 정도의 작은 물줄기에서 시작한다는 말이다. 초라하고 보잘것없는 시작, 그 작은 시작이 나중에 심히 창대해진다는 말이다. 이것이 비단 강에만 해당하겠는가? 세상의 모든 이치가 이와 같을 것이다. 작고 초라한 시작이라고 해서 그 끝도 작고 초라하지만은 않다.

의료기기 시장 규모는 휴대폰 시장보다 크다. 의학의 발전은 의료기술의 발전과 의료기기 공학의 접목으로 이루어지는데 이를 전문으로 공부하는 학문이 의공학이다. 미국 대부분의 대학에는 의공학과가 있으며, 공대 학과 중 경쟁률이 가장 높아 들어가기 힘든 과이다. 2013년 발표자료에 의하면 미국 대학 졸업생 중 가장 연봉이 높은 학과가 의공학과일 만큼 여기 출신들은 최고의 대우를 받기 때문이다. 세계 의료기기 시장의 50% 이상을 미국이 장악하고 있는데 우리나라는 의공학과가 아직 제대로 시작도 못하고 있는 실정이다.

이런 의료기기 시장에서 세계 1위를 하는 회사가 '메드트로닉'이다. 설립자 얼 바켄(Earl E. Bakken)은 미국 미네소타주 헤네핀카운티라는 이름없는 시골 출신이다. 지역 명문대학인 미네소타 주립대학에도 진학하지 못한 그는 보잘것없는 동네 2년제 전문대에서 전기공학을 졸업했다. 2차 대전 직후인 1948년 대학을 졸업했지만 불황기였던 당시 3류 전문대를 졸업한 시골뜨기를 받아주는 회사는 한 군데도 없었다. 그런 그가 우연히 술집에서 월튼 라일헤이(Walton Lillehei)라는 미네소타 주립대 병원의 심장외과 의사를 만나게 된다. 심장외과 의사였던 월튼은 심장환자들이 전기신호를 제대로 받지 못해 심장이 멎고 사망한다는 고민을 늘어놓았는데 전기공학을 공부한 얼은 몸 밖에서 전기신호를 넣어주면 심장이 뛰지 않겠냐는, 당시로서는 황당한 생각을 한다. 그는 시골 아버지 집의 허름한 차고에서 회사를 차리고 메드트로닉이란 이름을 붙였다. 미국의 위대한 회사들은 왜 하나같이 차고에서 시작했는지 모르겠지만 이것이 바로 1949년 시작한 메드트로닉의 '남상'이었다. 메드트로닉이 처음 만든 심장 페이스메이커는 대형 진공관과 대형 콘덴서가 가득 들어찬 사람 키보다도 거대한 기계였다. 트랜지스터 반도체 기술도 개발되기 전의 일이다. 그렇게 조악하게 시작한 메드트로닉은 오늘날 전세계 환자들을 살리는 세계적인 의료기기 회사가 되었다. 그러나 메드트로닉이 설립부터 대박을 친 것은 아니다. 얼은 회사를 설립한 후 7년 동안 허름한 차고를 벗어나지 못하고 숱한 파산 위기를 겪으며 고생했다. 하지만 그는 결코 포기하지 않았고 인내심과 열정으로 버티며 마침내 메드트로닉을 세계적인 회사로 키워낸다.

필자는 지금부터 17년 전 영어 교육회사를 설립했다. 처음 선보인 것은 EBS교육방송과 함께 만든 '매튜와 뚝딱이의 톡톡 잉글리쉬'라는 어린이용 영어 비디오테이프였다. 당시 어린이들에게 인기 있는 영어강사 매튜와 EBS의 장수 캐릭터 '뚝딱이'를 이용해 만든 영어교육 비디오였다. 그렇게 영어교육에서 시작하여 지금 '마풀(마음먹은 대로 풀린다, 마법처럼 풀린다)'이라는 브랜드로 영어, 중국어, 토익 등을 서비스하고 있다. 어린이용 영어 비디오를 남상으로 시작한 교육사업이 지금은 스마트러닝으로 진화해 가고 있다. 매드트로닉처럼 우리도 많은 어려움을 이겨내고 언젠가 우리 회사에서 만든 프로그램으로 아시아인을 비롯한 전세계인들이 학습하는 날을 꿈꾸어 본다. 그것이 적어도 세계 2위의 교육 경쟁력을 갖고 있다는 교육강국이자 IT강국인 대한민국에서 17년 이상을 교육사업을 하면서 버텨온 교육사업가로서의 꿈이어야 하지 않을까.

우리는 이 책에서 감히 인류의 미래를 이야기했다. 물론 거인의 어깨 위에 올라서서 내려다본 이야기를 주절주절 늘어놓았지만 미래를 말하면서 정작 그 미래에 함께 하고픈 우리의 꿈 얘기를 하지 않는 것(혹은 못하는 것은) 자기기만이고 거짓말하는 것이라는 생각이다. 적어도 우리는 4차 산업혁명의 이야기를 남 얘기하듯 하면 안 되는 자리에 있는 사람들이다. 스마트러닝 사업가이자 글로벌 기업의 엔지니어이기 때문이다. 그리고 대한민국의 미래는 그런 꿈들이 모여 만드는 것이어야 한다. 그것이 5천년 이상 이 땅에서 살면서, 숱한 외세의 침략과 어려움을 겪으면서도 꿋꿋이 이겨온 우리 민족의 핏속에 흐르는 위대한 힘이라고 믿는다.

───────

── "헌법은 행복을 추구할 권리를 국민에게 부여한다. 그러나 행복
　　을 낚아채는 건 당신의 몫이다."

　　　　-벤자민 프랭클린

이 책을 쓰면서 참고한 유발 하라리 교수의 특강은 인류의 수백만
년의 역사를 '힘', '통합' 그리고 '행복'이라는 세 가지 화두로 새
롭게 풀어내고 있다. 특히 인류의 막강한 힘의 근원과 행복에 대
한 철학적 질문은 많은 생각을 하게 해주었다. 하라리 교수에 따
르면 행복과 힘은 상충관계에 놓이는 듯하다. 우리는 잠시 행복을
느끼다가도 이내 다시 제자리로 돌아온다. 더 많은 것을 원하는
우리의 마음이 더 큰 힘을 추구하게 만들었고 여건이 개선될수록
기대치 또한 더욱 올라가기 때문이다. 역설적이게도 인류가 갖게
된 강력한 힘은 자신을 더 불행하게 만들거나 더 많은 행복을 가

져다 주지는 못했다.

행복이란 과연 무엇일까? 삶의 목적이 그저 행복 추구의 과정이라고 믿으며 살아온 나에게 그의 이야기는 큰 충격으로 다가왔다. 행복이란 뇌에서 분비되는 호르몬의 장난일까? 그저 미리 정해진 다양한 감정의 조합일까? 행복은 결국 손에 잡히지 않는 신기루 같은 걸까? 삶의 과정에서 느끼는 다양한 기쁨과 슬픔, 고통스런 번민과 좌절의 의미는 무엇일까? 행복에 대해 끊임없는 질문들이 떠올랐지만 그 본질을 알 수 없었다. 사실 행복이란 매우 추상적인 개념이다. 개인마다 행복의 정의도 다르고 실질적인 의미도 다르며 엄청나게 주관적인 것이다. 그런데 어떻게 행복의 본질에 접근할 수 있단 말인가?

잠시 어릴 때 기억을 떠올려보라. 부모님께 칭찬과 사랑을 받을 때 우리는 샘솟는 기쁨을 느낀다. 좋아하는 친구들과 뛰어 놀면서 재미와 즐거움을 느낀다. 사랑하는 사람과 함께 있을 때 설렘과 흥분된 감정을 느낀다. 원하던 아이가 태어나는 순간 신비로운 감정과 함께 새로운 생명에 대한 극도의 기쁨과 감격을 느낀다. 아이들이 건강히 성장하는 과정을 지켜보면서 새로운 일들을 멋지게 해낼 때 우리는 깜짝 놀라면서 기뻐한다. 수년간의 고통스런 노력을 통해 원하는 목표를 이루는 순간 짜릿한 성취감을 맛본다. 사랑하는 가족들과 즐거운 시간을 보내며 나누는 웃음에서 평안과 기쁨을 느낀다. 좋은 친구와 동료에게 순수한 도움을 주고 감사를 전달받을 때 뿌듯한 마음을 느낀다. 이러한 행복은 어디서 올까?

진화심리학은 이런 행복한 감정들을 더 객관적으로 이해할 수 있게 한다. 우리는 생존과 번식에 유리한 방향으로 진화되어 왔다. 부모와 아이의 특별한 유대관계는 생존과 번식에 필수적이다. 매력적인 이성은 생존과 번식에 유리한 기회를 제공한다. 남성은 더 젊고 건강한 외모를 지닌 여성에게 매력을 느끼고, 여성은 자신을 안전하게 지켜주고 신뢰할 수 있는 남성에게 호감을 느낀다. 웃음과 이야기라는 특화된 의사소통 방식을 통해 인류는 더 강력한 신뢰와 협력을 형성했다. 우리가 느끼는 행복한 감정은 사실상 생존과 번식이라는 진화의 과정을 통해 오랜 기간에 걸쳐 다듬어진 심리적 기제인 것이다. 아울러 행복한 감정이 일시적일 수밖에 없는 이유도 알 수 있다. 만약 단 한 번의 배부른 식사로 행복한 감정이 계속 유지된다면 누구도 더는 수렵이나 채집을 하지 않을 것이고 결국 행복하게 굶어 죽을 것이다. 일시적으로 뇌에서 분비되는 도파민이나 엔돌핀을 통해 우리는 짜릿한 즐거움을 느끼지만 행복한 기억만 남긴 채 우리의 감정은 다시 원래 제자리로 돌아가도록 진화되어 왔다. 그뿐 아니라 이러한 원초적인 행복감은 중독성을 유발시켜 더 큰 자극을 원하게 한다. 행복에 대한 진화심리학적 접근은 왜 우리의 즐거운 감정이 영원할 수 없으며 오히려 더 많은 것을 원하게 만드는지 알려준다. 진정한 행복을 위한 노력이 원초적인 즐거움에만 머물러서는 안 되는 이유이기도 하다. 마치 갈증을 해소하기 위해 바닷물을 마시는 행위와 유사하다.

그럼 우리는 행복을 위해 어떤 노력을 해야 할까? 매슬로우의 5단계 욕구 이론에 따르면 인간은 기본적으로 생명을 유지하기 위한 욕구를 갖는다. 의식주와 성욕에 해당하는 본능이다. 이 욕구가 해결되면 일시적으로 행복을 느끼지만 만족감은 지속되지 않는다. 생리 욕구가 충족되고 나면 위험이나 위협, 박탈에서 자신을 보호하고 불안을 회피하려는 안전에 대한 욕구를 갖는다. 안전 욕구가 충족되면 가족, 친구 등과 밀접한 관계를 맺기 원하는 애정 및 소속의 욕구를 갖는다. 우리는 사회적 관계에서 행복을 느낀다. 하지만 이러한 만족과 행복 역시 영원히 유지되지 않는다. 이후 무엇인가를 성취하고 다른 이들의 존경과 인정을 받고 싶어 한다. 사회적 성공을 추구하고자 하는 본능 단계에 이른다. 마지막 단계는 자신의 잠재력을 최대한 발휘하려는 욕구이다. 다른 욕구와 달리 충족될수록 더욱 증대되기 때문에 '성장 욕구'라고도 한다. 무엇인가 알고 이해하려는 인지 욕구나 심미 욕구도 여기에 포함된다. 궁극적으로는 본인의 자아 실현 과정을 통해 누군가에게 조건 없는 도움을 주거나 더 좋은 세상을 만드는 데 기여했다는 느낌은 또 다른 차원의 만족감과 행복을 제공한다.

우리의 행복 메커니즘은 결국 '공감 능력'과 밀접한 관계를 갖는다. 다른 이에게 나쁜 짓을 하기보다는 본능적으로 상대에게 좋은 일을 하는 것이 또 다른 행복에 이르는 본질임을 우리는 잘 알고 있다. 하위 욕구가 이기적인 욕구라고 한다면 상위 욕구는 타인과 밀접한 관계를 갖는 호혜적인 욕구다. '성장 욕구'를 바탕으로 자신의 잠재력을 최대한 발휘하면서 그렇게 얻은 능력으로 이타심을 발휘하는 사회적 단계에 접어들 때 행복의 평균치를 끌어올릴 수 있다. 직업과 소득이 분리되는 인공지능의 시대에는 어쩌면 최상위 욕구인 자아 실현을 위한 순수한 '학습'이 유일한 해결책이 아닐까 생각해본다.

이전에 생존과 번식이라는 주제로 동료와 흥미로운 토론을 한 적이 있다. 리차드 도킨스의 〈이기적인 유전자〉 이론을 굳게 믿는 그는 삶의 목적이 유전자의 생존과 번식에 있다고 했다. 인간은 그저 유전자를 다음 세대에 더 많이 전달하기 위해 진화한 존재에 불과하며 사람들이 부여하는 삶의 의미나 목적도 그저 인간이 만든 허구에 불과하다는 논리였다. 그의 주장에 따르면 행복을 추구하는 우리의 본능조차도 이기적인 유전자가 만들어 놓은 일종의 착각이라는 것이다. 영화 '매트릭스'에서 기계들이 인간의 몸에서 생성되는 전기 에너지를 무한히 뽑아 쓰기 위해서 인간들로 하여금 가짜 행복을 느끼게 하고 일상생활을 유지하게 만드는 것과 비슷하다며 말이다.

물론 이러한 극단적인 환원주의 시각에 동의하는 것은 아니지만, 이처럼 도발적인 생각은 우리가 추구하는 삶의 목적과 행복을 다른 관점에서 생각할 수 있는 기회를 주기도 한다. 원래 도킨스가 고민했던 주제는, "그렇다면 우리의 이타적인 행동은 어떻게 설명할 수 있는가?"였다. 본인을 희생하며 타인을 이롭게 하는 것은 유전자의 관점에서 보면 불리한 선택인데, 그것이 유전자의 생존과 번식에 어떻게 도움이 되는가라는 질문이다. 어쩌면 개인의 이타적인 행동은 본인에게 진정한 행복감을 주는 가장 이기적인 행동일 수도 있지 않을까?

결론적으로 인류의 보편적인 욕구는 진화의 과정에서 단계적으로 발달해온 다양한 본능이다. 우리가 일시적으로 행복에 빠져들지만 다음날이 되면 다시 평상심으로 돌아오는 이유이기도 하다. 이러한 특징을 이해하면 특정 사건이나 단기적인 성취가 우리를 지속적으로 행복하게 하지 못한다는 것을 알 수 있다. 행복을 인류의 보편적인 감정으로 해석할 수도 있고 그저 유전자의 교묘한 장난으로 생각할 수도 있지만, 어쨌든 중요한 것은 우리 현실의 삶에 밀접하게 영향을 주는 요소라는 사실이다. 우리는 자본주의 경제 성장을 바탕으로 도출된 '성공=소유=행복'이라는 잘못된 믿음을 강요받기도 했고, 누군가가 정해 놓은 행복의 기준에 맞추어 '미래를 위해 현재를 희생해야 하는가?'라는 고민에 빠지기도 했다. 행복이 과연 삶의 목적인지 아니면 그저 지금을 살게 하는 또 다른 수단인지 명확한 판단을 내릴 수는 없지만, 지금 우리의 선택과 결정에 중요한 본질임은 부인할 수 없다. 행복이란 우리 마음이 만들어내는 본능의 일부임을 인정하면, 우리 마음은 과연 무엇인지 또 다른 근원적인 질문을 마주하게 된다. 우리의 마음이란 주변과 나 자신을 바라보고 해석하며, 의미를 부여하는 과정으로 작동된다. 주어진 상황에서 본능에 따라 저절로 드는 감정도 있지만, 그에 대한 행동을 스스로 조절하거나 선택할 수 있다. 언젠가 찾아올 죽음을 생각하면 공포와 불안에 휩싸이지만, 죽음에 대한 상념 덕분에 세상과 주변을 바라보는 새로운 관점을 가질 수 있다.

만약 내일 생의 마지막 순간을 맞게 된다면 지금 무엇을 하겠는가? 사랑하는 사람들에게 마지막으로 어떤 말을 남길 것인가? 자신의 인생을 돌아보면서 거기에 어떤 의미를 부여하겠는가? 죽음을 상상하며 역설적으로 우리는 오늘 새로운 마음으로 태어날 수 있는 기회를 갖는 것이다. 결국 행복의 열쇠는 우리 마음에 달려 있으며 나를 둘러싼 여건에 어떤 의미를 부여하고 어떤 결정을 내리는지에 영향을 받는다. 뇌 과학은 우리의 마음이 얼마든지 진화할 수 있으며 변화할 수 있음을 증명하고 있다.

'21세기 헬조선'이라 불리는 현실을 묵묵히 살아가는 젊은이들을 바라보며 기성 세대의 일원으로 부끄럽고 참담할 때가 있다. '행복'을 꿈꾸는 것조차 사치가 되어버린 안타까운 현실이다. 우리는 어쩌다 이런 세상에 살게 된 것일까? 무엇인가 바꾸어보려 해도 바뀌지 않는 세상을 지배하는 강력한 힘은 무엇일까? 그렇다면 과연 우리는 앞으로 어떤 세상을 살게 될 것인가?

이 질문들을 바탕으로 틈틈이 친구와 주고받았던 이야기를 감히 책으로 써보자고 용기를 내었다. 대한민국의 미래가 지금 고달픈 현실을 살아가는 젊은이들에게 달려 있다는 절박한 생각이 들어서였다. 이들이 불행하다면 대한민국의 미래는 없기 때문이다. 이 책에 담긴 이야기들은 이미 들어본 적 있는, 부족한 독후감에 불과할지도 모른다. 하지만 답답하고 암울한 상황일수록 현실을 냉정하게 살피고 어떤 변화가 우리를 기다리고 있는지 살펴보는 지혜가 필요하다. 기성 세대의 일원으로 내 아이들을 포함한 다음 세대에 꼭 전하고 싶은 이야기라고 이해해 준다면 더는 바랄 것이 없다. 고민에 고민을 거듭하면서 쓴 글들이지만 여전히 부족함을 느끼기에 독자들의 넓은 양해를 구한다. 대한민국의 미래를 책임질 다음 세대들이 좀더 나은 미래를 꿈꾸고 이를 현실에서 준비하는 데 작은 도움이 되기를 간절히 소망한다.

참고 문헌 및 인용

# 1 호모 사피엔스

- 사피엔스—유인원에서 사이보그까지, 인간 역사의 대담하고 위대한 질문 (유발 하라리, 김영사)
  https://youtu.be/eOO5xrEiC0M
- 호모데우스,- 미래의 역사 (유발 하라리, 김영사)
  https://youtu.be/BWpoZ02wQHQ
- 생각의 시대 (김용규, 살림)
- 고대부터 인간 세계에 머물렀던 2,800여 신들 (마이클 조던 저, 강창헌 역, 보누스)
- 호모사피엔스 씨의 위험한 고민—미래 과학이 답하는 8가지 윤리적 질문 (권복규,원종우,이명현,이정모,이창무,이필렬,정지훈,홍성욱 - 메디치미디어)
- 신의 이름으로- 종교 폭력의 진화적 기원 (존 티한 저, 박희태 역 , 이음)
- 세계의 신화 (아침나무, 삼양미디어)
- 새롭게 풀어 쓴 우리사주학 (전광, 동학사)
- 주역강설 (이기동 역해, 성균관대학교 출판부)
- 쉽게 풀어 쓴 주역 풀이 (주역풀이 연구회, 일문서적)
- 신역 주역 (노태준, 홍신문화사)
- 예수는 신화다—기독교의 신은 이교도의 신인가 (티모시 프리크, 피터 갠디 저, 승영조 역, 미지북스)
- 바람피우고 싶은 뇌—머릿속에 숨겨진 도발적인 연애학 (야마모토 다이스케 저, 박지현 역, 예담)
- 여자의 뇌, 여자의 발견 (루안 브리젠딘 저, 임옥희 역, 리더스북)
- 남자의 뇌, 남자의 발견 (루안 브리젠딘 저, 황혜숙 역, 리더스북)
- 뇌, 생각의 한계—당신이 뭘 아는지 당신은 어떻게 아는가 (로버트 버튼 저, 김미선 역, 북스토리)
- 뇌는 0.1초 만에 사랑에 빠진다 ?세계적인 뇌과학자가 밝히는 달콤 쌉싸름한 연애의 심

250

리 (모기 겐이치로 저, 박재현 역 브레인월드)
- 뇌 생각의 출현 (박문호, 휴머니스트)
- 위대한 설계 (스티븐 호킹, 레오나르도 믈로디노프, 전대호 역, 까치)
- EBS 다큐멘터리, 사라진 인류
  https://www.youtube.com/watch?v=TTi6dVCNbTo
- 다윈의 생명 나무 아이디어
  https://research.franklin.uga.edu/jleebensmack/home
- 미생물학자들이 주도해 작성한 생명의 나무 진화 계통도
  https://www.nature.com/articles/nmicrobiol201648
- 오래된 연장통—인간 본성의 진짜 얼굴을 만나다 (전중환, 사이언스북스)
  https://youtu.be/1USlftw4kVc
- 허블망원경 조선비즈 특집 기사
  http://biz.chosun.com/site/data/html_dir/2015/04/16/2015041601498.html


## 2. 호모 크레디시스

- EBS 다큐 프라임, 자본주의
  https://www.youtube.com/watch?v=OLYMTsj_eqc
- 현실을 지배하는 아홉 가지 단어- 빈곤에서 신자유주의까지, 자본주의를 움직이는 사회 키워드 (한국철학사상연구회, 동녘)
- 세계를 바꾼 아홉 가지 단어- 권력에서 문명까지, 세계를 바꾼 인문학 키워드 (한국철학사상연구회, 동녘)
- 믿음이 왜 돈이 되는가 - 종교, 믿음을 팔고 권력을 사다 (김상구, 해피스토리)
- 생각의 진화—과거의 세상은 몇 권의 책으로 지배되어 왔다 (김용관, 국일미디어)
- 바벨탑에 갇힌 복음 (행크 헤네그래프 저, 김성웅 역, 새물결플러스)
- 그들이 말하지 않는 23가지-장하준, 더 나은 자본주의를 말하다 (장하준, 부키)
- 부의 정석—한국인의 6가지 걱정에 답한다 (최윤식, 정우석, 지식노마드)
- 슈퍼허브—세계 경제의 결정자들 (산드라 나비디 저, 김태훈 역, 예문아카이브)
- 밀수 이야기—세계를 바꾼 은밀한 무역 (사이먼 하비 저, 김후 역, 예문아카이브)
- 거짓말 경제학 (최용식, 오푸스)
- 10년 전쟁—누가 비즈니스 패권을 차지할 것인가 (최윤식, 정우석, 알키)
- 2010~2050 비즈니스 미래력 (강철호, 리더스하우스)

- CEO인문학 (고승철, 책만드는집)
- 위키피디아, 자본주의
  https://ko.wikipedia.org/wiki/%EC%9E%90%EB%B3%B8%EC%A3%BC%EC%9D%98
- 프리드리히 하이에크
  https://ko.wikipedia.org/wiki/%ED%94%84%EB%A6%AC%EB%93%9C%EB%A6%AC%ED%9E%88_%ED%95%98%EC%9D%B4%EC%97%90%ED%81%AC

## 3. 호모 에이아이시스

- 인간 vs. 기계 – 인공지능이란 무엇인가 (김대식,동아시아 )
  https://youtu.be/RaCn5KYjQn4
- 인간을 이해하는 아홉 가지 단어 – 소수자에서 사이보그까지, 인간 존재를 묻는 철학 키워드 (한국철학사상연구회, 동녘)
- 학문의 진화 – 학문 개념의 변화와 새로운 형이상학 (박승억, 글항아리)
- 뇌를 변화시키면 공부가 즐겁다 (제임스 E. 저, 문수익 역, 돋을 새김)
- 신은 뇌 속에 갇히지 않는다 (마리오 뷰리가드, 데니스 오리어리 저, 김영희 역, 21세기북스)
- 뇌를 바꾼 공학 공학을 바꾼 뇌 (임창환, 교학사)
- Make It Stick : The Science of Successful Learning – 한글부제 머리 속에 콕 박히게 하라, 성공하는 공부법의 과학 (Peter C.Brown, Henry L. Roediger III, Mark A. McDaniel, 벨크냅 프레스)
- 플루언트 – 영어 유창성의 비밀 (조승연, 와이즈베리)
- 4차 산업혁명 시대 투자의 미래 (김장섭, 트러스트북스)
- 100개의 문과 미친 아이디어 (도브 모란 저, 이원재 역, 아라크네)
- 2020 대한민국, 다음 십 년을 상상하라 (조셉 나이, 스피븐 로치, 스티브 발머, 도미니크 바튼 외26인 저, 이은주 역, 랜덤하우스)
- 행동의 심리학 – 말보다 정직한 7가지 몸의 단서 (조 내버로 저, 박정길 역, 리더스북)
- 착각하는 뇌 – 뇌는 행복해지기 위해 마음을 속인다 (이케가야 유지 저, 김성기 역, 리더스북)
- 뇌의 거짓말 – 무엇이 우리의 판단을 조작하는가 (마이클 캐플런, 앨런 캐플런 저, 이지선 역, 이상)
- 뇌를 젊게 하는 8가지 습관 (마이클 겔브, 켈리 하월 저, 고빛샘 역, 청림Life)

- 2030 고용절벽시대가 온다 (이노우에 도모히로 저, 김정환 역, 다온북스)
- 두뇌의 힘을 키우는 생명전자의 비밀 (이승헌, 브레인월드)
- 20년 젊어지는 비법 (우병호, 모아북스)
- 일하는 뇌 (데이비드 록 저, 이경아 역, 랜덤하우스)
- 뇌 속의 신체지도─뇌와 몸은 어떻게 결합하는가 (샌드라 블레이크슬리, 매슈 블레이크슬리 저, 정병선 역, 이다미디어)
- 위대한 미래 (마티아스 호르크스 저, 이수연 역, 한국경제신문)
- 2020 부의 전쟁 in Asia─2020년, 한국판 잃어버린 10년이 온다 (최윤식, 배동철, 지식노마드)
- 운동화를 신은 뇌 (존 레이티, 북섬)
- 1만 시간의 재발견- 노력은 왜 우리를 배신하는가 (안데르스 에릭슨, 비즈니스북스)
- 구글 딥마인드 인수
  http://www.techholic.co.kr/news/articleView.html?idxno=11586
- 딥마인드의 DQN 이론
  doi:10.1038/nature14236
- 인공 지능의 역사
  http://www.yonhapnews.co.kr/bulletin/2016/03/02/0200000000AKR20160302185400017.HTML
- 마빈 민스키
  https://ko.wikipedia.org/wiki/%EC%9D%B8%EA%B3%B5%EC%A7%80%EB%8A%A5#.EB.82.99.EA.B4.80.EB.A1.A0
- IBM 딥 블루
  https://en.wikipedia.org/wiki/Deep_Blue_versus_Garry_Kasparov
- 특이점
  https://futurism.com/kurzweil-claims-that-the-singularity-will-happen-by-2045/
- 마이클 오스본, 고용의 미래
  http://www.oxfordmartin.ox.ac.uk/downloads/academic/The_Future_of_Employment.pdf
- 기하급수적인 성장을 가져오는 기술
  http://bigthink.com/think-tank/steven-kotlers-six-ds-of-exponential-entrepreneurship
- 타겟 임신 예측 프로그램
  https://www.forbes.com/sites/kashmirhill/2012/02/16/how-target-figured-out-a-teen-girl-was-pregnant-before-her-father-did/#6af781496668

- 페이스북 성격 파악 실험
  https://www.nytimes.com/2016/11/20/opinion/the-secret-agenda-of-a-facebook-quiz.html
- 개인 DNA 판독 서비스
  https://www.23andme.com/
- 구글 질병 예측 프로그램
  https://www.wired.com/2015/10/can-learn-epic-failure-google-flu-trends/
- AI-빅데이터 활용 '스마트 공장'
  http://www.hani.co.kr/arti/778984.html
- 2020년 빅데이터 추산
  https://siliconangle.com/blog/2014/04/15/iot-will-propel-digital-universe-past-40zb-by-2020/
- 딥러닝 개념
  http://blog.lgdisplay.com/2016/06/deep-learning/
- 페이스북 딥페이스
  https://research.fb.com/publications/deepface-closing-the-gap-to-human-level-performance-in-face-verification/
- 제프리 힌튼 학습 알고리즘
  https://www.cs.toronto.edu/~hinton/absps/fastnc.pdf
- 벤지오 사전 학습 알고리즘
  http://www.iro.umontreal.ca/~lisa/pointeurs/BengioNips2006All.pdf
- 인공지능을 적용한 구글 번역기
  https://research.google.com/pubs/pub45610.html
- 인간 언어에 도전하는 기업들
  http://biztribune.co.kr/n_news/news/view.html?no=15639
- 인공지능 vs. ?의사
  http://www.newyorker.com/magazine/2017/04/03/ai-versus-md
- 워드스미스
  https://automatedinsights.com/wordsmith
- 데이빗 코프 교수의 작곡하는 인공지능
  http://www.computerhistory.org/atchm/algorithmic-music-david-cope-and-emi/
- 구글의 딥 드림 제너레이터
  https://deepdreamgenerator.com/

- 수명예측 텔로이어
  https://www.teloyears.com/home/index.html
- 텔로미어
  https://www.tasciences.com/what-is-a-telomere/
- 늙은 쥐를 똑똑하게 만드는 제대혈 관련 네이처 논문
  doi:10.1038/nature.2017.21848
- 캘리코 벌거숭이 두더쥐 실험
  https://www.theverge.com/2016/12/15/13972044/google-alphabet-calico-abbvie-naked-mole-rats-aging-lifespan
- 구글의 수명 연장 실험 기사
  https://www.technologyreview.com/s/603087/googles-long-strange-life-span-trip/?utm_medium=email_marketing&utm_source=email&utm_campaign=media_pitch&utm_term=dna&utm_content=calico_google%20%22
- 딥마인드의 의학 관련 연구
  https://deepmind.com/applied/deepmind-health/
- 딥마인드 안과 관련 연구
  http://www.moorfields.nhs.uk/news/moorfields-announces-research-partnership
- IBM 인공지능 왓슨 의학 진단 연구
  https://researcher.watson.ibm.com/researcher/view_group.php?id=4384
- 마이크로소프트 하노버 프로젝트
  http://hanover.azurewebsites.net/
- 애플 글루코스 프로젝트
  http://www.cnbc.com/2017/05/18/apple-ceo-tim-cook-test-drove-glucose-monitor.html
- 유나이티드 테라퓨틱스 기술 개발 로드맵
  http://www.unither.com/pipeline.html
- 래리 엘리슨 노화 관련 연구 투자
  https://www.forbes.com/pictures/eilm45mll/larry-ellison-aging/#7aea0c2455e4
- 아마존 제프 베조스 바이오 기술 연구 투자
  https://techcrunch.com/2016/10/27/jeff-bezos-mayo-clinic-back-anti-aging-startup-unity-biotechnology-for-116-million/
- 엑센추어 인공 지능 시장 성장 전망
  https://www.accenture.com/t20170418T023006__w__/us-en/_acnmedia/PDF-

49/Accenture-Health-Artificial-Intelligence.pdf

- 고스트 인 더 쉘
  https://en.wikipedia.org/wiki/Ghost_in_the_Shell
- 뇌 전기 자극이 생각을 바꾸는 실험 사례
  http://theweek.com/articles/476866/how-electrical-brain-stimulation-change-way-think
- 마비 환자의 의사 소통을 돕는 뇌파 인지 기기
  https://www.newscientist.com/article/mg16121690-200-unlocking-the-mind/
- 존 도노휴 실험 논문
  https://doi.org/10.1038/nature04970
- 뇌-기계 인터페이스 관련 기사
  http://www.popsci.com/technology/article/2012-12/brain-machine-interface-
  breakthroughs-enable-most-lifelike-mind-controlled-prosthetic-arm
- 동아일보, 스마트폰 중독 비상, 아이들 뇌가 죽어간다
  http://news.donga.com/Main/3/all/20130211/52917530/3
- 조선일보, 스마트폰 중독 빠를수록 지능, 감성 떨어져
  http://news.chosun.com/site/data/html_dir/2017/03/29/2017032900118.html
- JTBC 뉴스, 스마트폰에 빠진 유아 및 어린이, 뇌 발달 늦어진다
  http://news.jtbc.joins.com/article/article.aspx?news_id=NB10226768
- 자폐증
  https://ko.wikipedia.org/wiki/%EC%9E%90%ED%8F%90%EC%A6%9D
- MIT 스테파니 세네프 교수
  https://www.csail.mit.edu/user/1389
- 니콜라스 카, The Shallows
  http://www.nicholascarr.com/?page_id=16
- EBS 다큐 유태인의 하브루타
  https://youtu.be/ujcjW6BBuug
- 삼중뇌 이론
  http://mybrainnotes.com/evolution-brain-maclean.html
- 조 디스펜자 박사, 당신의 뇌를 진화시켜라
  http://drjoedispenza.com/index.php?page_id=Evolve-Your-Brain
- 환자 HM이 신경과학에 남긴 유산
  https://www.ncbi.nlm.nih.gov/pmc/articles/PMC2649674/
- 대니얼 에이먼 박사, 8만3천번의 뇌 스캔으로부터 얻은 가장 중요한 교훈

https://www.youtube.com/watch?v=esPRsT-lmw8&t=1s
- 과학 동아, 명상의 뇌 과학
  http://ds.dongascience.com/articleviews/special-view?acIdx=11242&acCode=1&year=2017
- 우울증 환자를 위한 명상 인지 치료법 연구
  http://dx.doi.org/10.1007/s00406-016-0746-x
- 뎁 로이 TED Talk 언어의 탄생
  https://slice.mit.edu/2011/03/14/birth-of-a-word/
- 오토데스크 드림캐쳐 프로젝트
  https://autodeskresearch.com/projects/dreamcatcher
- 직관적인 인공 지능의 놀라운 창조물
  https://www.ted.com/talks/maurice_conti_the_incredible_inventions_of_intuitive_ai#t-966019
- 유다시티
  https://www.udacity.com/pathfinder
- 세바스천 트런, 유다시티 키노트
  https://youtu.be/1HiEFxmOTGo
- 조선일보, '고령사회' 1년 일찍 왔다
  http://news.chosun.com/site/data/html_dir/2017/02/22/2017022200221.html
- 유재명, 아마추어는 창의성만 바란다
  http://scienceon.hani.co.kr/?mid=media&category=178&document_srl=34528

# 습의 시대

**지은이** 이현준 · 황태섭
**1판 1쇄 발행** 2017년 11월 15일
**1판 2쇄 발행** 2017년 11월 25일

**펴낸곳** 트러스트북스
**펴낸이** 박현

**등록번호** 제2014-000225호
**등록일자** 2013년 12월 3일

**주소** 서울시 마포구 서교동 성미산로2길 33 성광빌딩 202호
**전화** (02) 322-3409
**팩스** (02) 6933-6505
**이메일** trustbooks@naver.com

값 15,000원
ISBN 979-11-87993-35-3  03320

믿고 보는 책, 트러스트북스는 독자 여러분의 의견을 소중히 여기며,
출판에 뜻이 있는 분들의 원고를 기다리고 있습니다.